どうやら僕の日常生活はまちがっている

岩井勇気

新潮社

はじめに

人生で2冊目の書籍を出すことになった。どうやら1冊目がそこそこ売れたらしい。出版社はすぐさま「2冊目に向けた連載はいつからにしますか?」などと言う。自分で言わせてもらおう。1冊目はたまたま売れただけだ。たまたま世間がほんのうっすら僕に興味を持ち出してくれていたタイミングで、それっぽいエッセイが出版されたことで手に取ってもらえたのと、ラジオファンが買ってくれたおかげだろう。

しかしそんな薬の効き目は長く続かないのを僕は知っている。こうして出版社に乗せられて、自分には文才があるんだ! などと勘違いした芸能人風情が、小説などを書きメディアに取り上げられ、蓋を開ければ最初しか話題になっていないのに本人は作家を気取っている痛々しい例を何度も見たことがある。文章だけで評価され本が売れたわけじゃない。本物の作家とは違って色んな要因が重なって売れていたことに何故気付かないか。その本の出し方で本当に実力がある人はほんのひと握りだ。

しかし、出版社はそれでもいい。本が面白くなくても売れる人は売れる。アイドルのＣＤを何枚も買わせるように支持者に本を何冊も買わせればいいだけで、売れなくなったらまた次の芸能人。本当に文章が面白い作家は別で育てておけばいいのである。

僕は全然そんな企みに乗りたくはない。作家を目指しているわけではないのに、本を出すことで芸人としての人生をすり減らされてたまるか！

というか出版社。「２冊目に向けた連載は～」なんて言ってきてるけど、お前ら１冊目の初版６０００冊しか刷ってなかったよな？　甘く見積もっていたくせに、如実(にょじつ)に手のひらを返してきてやがる。

それと１冊目が今の段階で10万冊を超えているらしいのだが、正直10万冊なんて塵(ちり)だ。校内マラソンで10位入賞くらいの規模だ。なのに10万冊と大々的に言うことによって、「成功した」「岩井はもう満たされた」などと思われて、それまで多少の哀れみも含めて応援していた人の熱が冷めるだろう。

だが違う。実際は10万冊なんて本当に売れている作家からすれば塵だし、赤裸々に言えば実入りが全然無い。間違っても執筆だけで生活していけるなどと到底思えない。出版社に加えてさらに事務所も絡んでいるので雀の涙とまでは言わないがそれに近いのだ。

本の宣伝でやたら写真を撮りたがる。これも厄介だ。アイドルじゃないっつーの！むしろ僕がそんなように売られている芸人を一番軽蔑しているのがわからないのだろうか。

もういい。これ以上身をすり減らされるのはごめんだ。芸人として今思うこと、テレビに対しての不満、自分の人生を振り返って感じること、そんなことを誇張して書けばわかりやすいし表面上の興味を惹きやすいのはわかっている。しかしよくあるそんな〝身削り自叙伝〟を書くのはやめた。思いっきり日常を書こう。ただの35歳の独身男が、一人暮らしを送る。買い物に行ったり、習い事をしたり、引っ越しをしたりする。そんな取るに足らない毎日をつらつら書いてやる。

ということで不満や文句は全てこの前書きに置いていく。しかし、この後にも僅かに漏れ出してしまう可能性はある。なるべく抑えるが。

特別な事件などまぁ起きない。この世のどこかで、あなたと同じような平々凡々な日常生活を僕も送っている。

自転車を除く
12 - 17

自転車を除く
12−17

どうやら僕の日常生活はまちがっている　目次

挿画　岩井勇気
写真　青木登（新潮社写真部）

どうやら僕の日常生活はまちがっている

喉に刺さった魚の骨が取れない

少し前までダイエットをしていた。太っているわけではなかったが痩せたかったのだ。30歳を超えると世の中の男の多くは、腹がたるみ出し、顔が丸くなる。結婚などしていればなおさら。〝幸せ太り〟と言えば聞こえはいいが、実際は太ること自体に幸せなどは無く、結婚生活で大幅に加算された幸せを、太ることで減らしている。なので日常生活で太っていくことは〝怠惰〟でしかないと思っている。僕はそんな怠惰な流れに逆らう思いから、ダイエットを始めたのだ。

実行したのは、とにかく1日の摂取カロリーを下げるというダイエット。1日で体が消費するカロリーに対して、摂取カロリーが下回れば自ずと痩せるというシンプルなダイエットである。つまり、あまり食べなければいい。

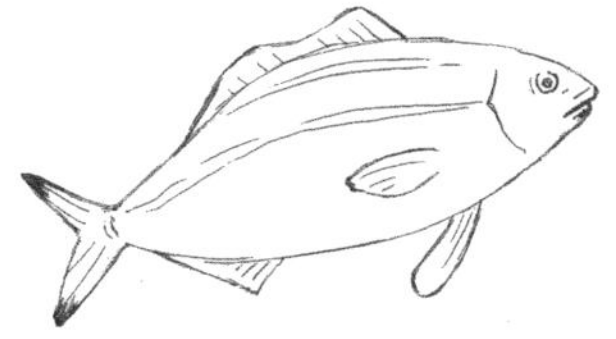

とは言え人はこれがなかなかできない。「食べないだけのダイエットはリバウンドする」だの「食事制限は体に良くない」だの、それらしく否定的な意見を並べては「結局食べながら痩せたほうがいい！」などと自分に言い訳をして、実行しないのだ。そうやって『朝カレーダイエット』や『ビターチョコダイエット』といった馬鹿みたいなダイエットにたどり着く。大概、食べ物の名前がついたダイエットは大嘘だ。それは総じてダイエットでもなんでもなく「ダイエットしてるから大丈夫！」と思うためだけの『気やすめ生活』である。よって、僕は『あまり食べないダイエット』を推奨する。これこそダイエットの真理だ。

ダイエット開始から1ヶ月で早くも5キロ痩せるという結果が出始めた頃、友達から食事の誘いがあった。ダイエット中ではあったが、順調に痩せているし、参加しても調子に乗って食べ過ぎない自信はあったので、食事に行くことにした。店は沖縄料理店。沖縄料理はさっぱりしていて割とヘルシーなメニューが多いので僕にとっては好都合だ。店に着くと友達3人が席で待っていた。

友達と多少のお酒を飲みながらテーブルの料理を摘(つま)んでいると、その中に沖縄のグルクンという魚を焼いたものがあった。かなり骨ばった魚である。僕は何気なくその身を箸で取り、食べた。すると食べた身の中に骨があることがわかった。しかし僕は頬張った魚の身に骨がある時に、口の中から骨を出す行為があまり好きではない。なぜなら、その行為はおばあちゃんがはっさくを食べる時に、一度はっさくを一房口の中に入れて噛んだ後、皮だけ口から出すアレと似ており、やっているのがおばあちゃんであろうが誰であろうが、この〝はっさく吐き出し〟は気持ちが悪いからだ。なので僕は大きすぎない骨であれば、歯で噛み砕いて飲み込むことにしている。

その時も、僕は大方骨を噛み砕いて飲み込んだ。するとその瞬間、喉の奥に激痛が走った。それと同時に僕は「かはっ！　かはっ！　うえぇっ！」と、むせ返った。グルクンの骨が喉に刺さったのだ。とっさに目の前の飲み物を飲む。しかし良くならず、食べ物と一緒に流しこもうと思い、テーブルにあったゴーヤチャンプルーをかき込んだ。すると骨の位置が変わったのか、刺さった直後よりは少しマシになった。だが、むせ返らなくなっただけで、痛みは続いている。唾を飲み込むだけでも喉の奥がかなり痛むのだ。

友達も僕が悶絶していたのを見て心配し「何か大きめの食べ物を飲み込んだら治るんじゃない？」と唐揚げを差し出してきた。僕は何故かその時、ふと自分がダイエット中だということを思い出した。唐揚げは高カロリーでダイエットとは真逆の食べ物である。魚の骨が喉に刺さったせいで、今それを食べることを勧められている。しかし、背に腹は代えられない。僕は差し出された唐揚げを箸で取り、そのまま口に運び、半ば丸飲みした。悲しいことだ。ダイエット中、散々我慢していた高カロリーな食べ物を、痩せ切った後存分に味わおうと楽しみにしていたのに、こんな形で丸飲みさせられるのだ。人生で一番悲しい丸飲みである。悲しみの丸飲みである。心の中では泣きながらその唐揚げを丸飲みしたが、骨は取れなかった。丸飲み損だ。おばあちゃんの〝はっさく吐き出し〟を気持ち悪がらなければよかった。最悪である。

その後も喉の痛みは続いていたので、僕は携帯電話で魚の骨が喉に刺さった時の対処法を調べた。するとやはり「食べ物を飲み込むと取れる」とあったが、そこには「ご飯を多めに飲み込むと取れることがある」とも書かれていた。メニュー表を手に取り、何かご飯を使った料理がないか目を通す。すると『ジャンボおにぎり』というメニューがあった。このおにぎり、中身は沖縄で良く使われる油味噌らしい。油の味噌である。『油味噌を使ったジャンボおにぎり』など、ダイエット中の僕にとってみれば『カロリー』と言っているのと一緒だ。だがご飯を使ったものはそれしかないようなので注文し、しばらくするとその『ジャンボおにぎり』が届いた。

かなり大きい。通常のおにぎりの2・5倍はありそうな大きさだ。魚の骨が喉に刺さっている僕は、そのおにぎりを多めに頬張った。味が濃そうな油味噌も、かなりの量がおにぎりの中に入っている。そして、ろくに嚙まずにそれを飲み込んだ。飲み込んだ直後にわかった。骨は取れていない。痛みは続いている。なので一口、もう一口と、僕はカロリーを飲み込んでいった。摂取したくないカロリーを摂り、味わいもせず飲み込む。僕に何の罰が与えられているのだろうか。喉に刺さった魚の骨は取れないまま、終いに僕はカロリーを全て食べきってしまった。

友達3人もしばらくすると、テンションが下がっている僕にも慣れてしまって、キツめのハブ酒を飲んだり、サーターアンダーギーにアイスがかかったデザートを食べながらはしゃいでいる。僕はその楽しそうなノリに参加する気になどなれない。何故なら魚の骨が喉に刺さっているからである。しかしながら、魚の骨が喉に刺さっている友達が目の前にいるのに、酒や甘味ではしゃぐのもどうかしている。きっとコイツらは魚の骨が喉に刺さったことがないんだろう。この世には2種類の人間がいる。それは魚の骨が喉に刺さったことのある人間と、ない人間である。魚の骨が喉に刺さったことのない人間は、得てして魚の骨が喉に刺さっている人間を見下しがちである。

僕は、喉の奥の痛みを抱えながら、魚の骨が喉に刺さっていなかった頃は良かったなぁ、などと考えていた。普段何気なく生活してきたけれど、いざ魚の骨が喉に刺さってみると、あの普通の日々は幸せなことだったんだと気付くのだ。しかしその頃にはもう遅く、魚の骨が喉に刺さっていない日常はもう戻って来ない。この先は魚の骨が喉に刺さった人生なのだ。魚の骨が喉に刺さると、それらを思い知らされるのである。

もう家に帰って寝たい。もしかすると寝て起きたら魚の骨が取れているかもしれない。そう思った僕は、友達3人に「今日はもう帰るわ」と告げた。それが恥ずかしいことだというのはわかっている。何故なら大人なのに魚の骨が喉に刺さったくらいで帰るからだ。だが魚の骨が喉に刺さったまま何をしていても楽しくないし、友達も魚の骨が喉に刺さった奴と一緒に居ても楽しくないだろう。お金を置いて店を出て、家に帰った。そしてその日は早めに寝たのだ。

次の日、早朝に目が覚めた。すぐにわかった。魚の骨は取れていない。寝てる間に取れてくれるか、どこかで骨が喉に刺さったことが夢であってくれとも思っていたが、魚の骨が喉に刺さったという事実は確実にあったのだ。その日は朝から仕事だった。仕事は嫌いではないし、むしろ好きだ。しかし、それは魚の骨が喉に刺さっていない状態でする仕事が好きなだけであって、魚の骨が喉に刺さった状態でする仕事は辛いものでしかない。むしろ、魚の骨が喉に刺さった状態で仕事をするなら、魚の骨が喉に刺さっていない状態の無職の方がマシである。

だがそうも言っていられずに仕事に行き、どうにか痛みに耐えながら仕事を終わらせた。その後で、僕はもういっそのこと病院に行くことにした。

耳鼻咽喉科を携帯電話で調べて電話したが、やっていなかった。運悪く、その日は祝日だったからだ。何が祝日だよ！　人が魚の骨が喉に刺さって苦しんでる時に祝ってんじゃねぇよ！　と、僕は思った。しかも海の日だったのだ。魚の骨と休診日という、とんだ海からの贈り物である。

何軒も病院を調べたが、どこもやっておらず絶望していると、一か八かの手段を思いついた。行きつけの歯医者なら骨を抜いてくれるんじゃないかということだ。早速、歯医者に電話すると「見ないとわからない」ということなので僕は歯医者に向かった。

歯医者に着くなり「どうぞ」と案内され、治療室に通される。そして先生が来て、喉の奥を明かりで照らしながら覗くと「あー。刺さってる刺さってる」と言った。そして長めのピンセットを取り出し、その骨を摘んで、引き抜いたのだ。一瞬痛みが走ったものの、今までの痛みが喉の奥からかなり消えたことに気づく。その後、先生が念入りに僕の喉の奥を見て「これで大丈夫だと思う」と僕に言った。先生のその言葉に僕は安堵した。

するると先生は「喉は大丈夫だけど、虫歯になりかけの歯があるからついでに治療しとくね」と言いながら、歯の治療を始めた。素晴らしい。ここは歯の治療もしてくれるのか。いい魚の骨抜きクリニックだ。治療が終わると、先生が「骨は抜けたけど、刺さってたところが傷になってるから、まだしばらく少しだけ痛むと思うけど2、3日したら治るから」と僕に告げた。そして僕は歯医者を後にした。


楽しかった日常が一瞬で暗い日々に変わってしまうことがある。自分は大丈夫、と思っていても、魚の骨が喉に刺さるというのは誰にでも起こりうる災厄なのだ。

そして骨が抜けた後もしばらくは気持ちが沈んでいたので、あまり何かを食べる気になれず、少し体重が落ち、僕はダイエットに成功したのだった。

1人居酒屋デビューした前乗りの夜

大阪で仕事があった。久しぶりだ。前日の夕方に東京を出て大阪へ行き、ホテルで1泊して仕事当日を迎える、いわゆる〝前乗り〟というやつだった。だが、僕はこの〝前乗り〟というやつがあまり好きではない。

そもそも前乗りが好きな人の理由としては、前日の夜に現地のご飯を食べに行ったり、夜遊びできることが大半を占めると思うのだが、僕が前乗りで地方に泊まる時は大概1人であり、僕は1人で何処かに行くことが非常に苦手なのだ。

住んでいる東京都内にいても、1人で何処かに行くことが苦手なのは変わらない。一人暮らしだと、一般的には夕食をどこかの店に1人で入って済ませることや、1人で飲みに行くこともあるのだろうが、僕にはそれができない。ラーメン屋やファストフード、カフェといった１人客が沢山いるような店ならまだしも、ファミレスや居酒屋といった飲食店に僕１人で入ったことがほとんど無い。

旅行もしかり。１人旅はもってのほかで、必ず誰か友達を誘って行く。これは、１人で店に入ったり観光地を回ったりするのが恥ずかしいという、大人らしからぬ気持ちも多少あるが、それよりも僕は１人で知らない場所へ行って帰ってきた時に、本当に行ったのか？　と思ってしまうからだ。

例えば自分が知らない土地へ旅行に行き、観光地を回って、美味しいものを食べて帰ってくるとしよう。１人旅の場合、何を見ても食べても、それを知りうる人物が自分しかいない。現地の人は僕のことなど知る由もなく、そうなると帰ってきた時に、本当に旅行に行ったのか？　と思っても、誰にも確認ができないのだ。

旅行中見たものや、食べたものも怪しくなり、観光地に行っても旅館でダラダラしていても、その土地の美味しい料理を食べてもチェーン店のハンバーガーで済ませても、一緒のように思えてきてしまう。

その旅行をしていた時間、自宅で現地の観光名所や名物をパソコンで調べて、妄想を膨らましていただけだったんじゃないか？　と疑い始めても、１人ではそれを完全に否定することができないのだ。

そんな理由で、夜に1人でご飯を食べに行けない僕は、前乗りしても時間を持て余してしまう。

大阪に着いたのが夜7時で、少しお腹は空いていたのだが繁華街に行くことに尻込みしてしまい、一旦ホテルにチェックインしたのだった。ホテルの部屋に入って荷物を置き、やることも無い僕はベッドの上でぼーっとしていた。そして、ふと時計を見ると、なんともう10時半になっていたのだ。

僕は一瞬目を疑った。大阪に着いたのが夜7時。駅からホテルの部屋に着くまではせいぜい30分といったところだろう。7時半から10時半までの3時間、何もせず、ぼーっとしたまま過ごしてしまった。ぼーっとするとは、何かをぼーっと考えていた訳ではなく、ただ単にぼーっとしてしまっていただけなのだ。

全く無駄な3時間。時空が歪んで7時半の世界から10時半の世界に飛ばされていたとしても、全く同じことである。

精神上、空白の3時間に僕は恐怖を覚えた。もしかすると僕の中の別の人格が現れていたのかもしれない。別の人格が、ぼーっとしている僕の隙を突き、体を乗っ取ったのだ。

そいつは大阪好きの人格で、大阪に来る機会をずっと窺っていて、まんまと体を手に入れた。そして大阪の街に繰り出し、たこ焼きを食べ、お好み焼きをおかずに白米を食べ、道行く大阪のおばちゃんからアメちゃんを貰い、通天閣を見に行った後、道頓堀に飛び込み、カラオケで服を乾かしながらドリカムの「大阪LOVER」とウルフルズを歌って、最後は大阪の街に「おおきに！」と言い放つ〝大阪フルコース〟を、3時間で回って帰ってきたのではないだろうか。そんな人格が現れていてもおかしくないほど無意識の3時間だった。

こんな時間を続けていたら、その大阪好きの〝なにわ太郎〟の人格に体を完全に奪われかねない。そう思った僕は、意を決して1人で何処かの店に夕食を食べに行くことにした。しかし周辺の店を調べてみると、時間的に夕食を食べられるような飲食店は終わっていて、営業しているのは何軒かの居酒屋のみだったので、その1つに行くことに決め、ホテルを出た。

しばらく歩くと、その店の灯に照らされた看板が見えてきた。前まで行くと、外から店内が見えるようになっていて、そこはカウンターだけの8席ほどの古びた焼き鳥屋であった。

店の前まで来ると少し緊張する。なにせ1人で飲み屋に入ることなど初めてだ。しかし店内が見えるということは、向こうからも店の前で僕がまごまごしている様子を見られてしまうということだ。僕は勇気を振り絞って店の扉を開けた。

「いらっしゃい」と、40代くらいの男性店員と30代くらいの女性店員が落ち着いたトーンで言った。僕は軽く頷き、カウンターの一角に座った。店内を見回すと、かなり昔からあるような年季の入った店内。僕の他には2人の客がいる。

女性店員が僕におしぼりを渡しながら「飲み物何にします？」と聞いた。その時、女性店員の首元にタトゥーが入っているのが見えてしまい、僕の緊張感をより一層高めた。そして、そんなざわついた心で飲み物を注文したため「生の……ち、ちゅうで……」と、恐ろしいほど小声になり、店員に「はい？」と強めに聞き返されてしまうという、1人居酒屋デビューとしては最悪の幕開けとなったのだった。

名誉挽回を図るため、焼き鳥を注文する際「焼き鳥5本、お任せで」という、恐らく焼き鳥屋上級者がやるであろうお任せスタイルをとった。他にもホヤ酢という渋いメニューの選択で、鋭さを見せつけるのだった。

その後すぐに、僕の目の前にビールが運ばれてきた。普段は家でも1人で酒など飲まないのだが、運ばれてきた冷えたビールを一口飲んだ。それは、今まで飲んできたどのビールより美味しい気がした。

それまで知り合いと一緒の場でしかお酒を飲んだことがない僕は、知り合いにかまけてビールと1対1で向き合ったことがなかったのだ。それは、大学のサークル内の男女数人でよく遊んでいたが、ある日その中のあまり喋ったことのない女子と一緒に帰ることになり、なんとなく喋っていて「あれ？　この子意外と可愛くね？」と気付いた時のような感覚だ。大学に行ったことがないのでわからないが。

ビールを二口、三口と飲んでいると「ホヤ酢ですー」と言いながら店員が僕の前に器を置いた。僕は一瞬目を疑った。渋いメニューの選択と思って頼んだはずのホヤ酢が、なんとコンビニのパンに付いてくるシールを集めて貰ったような可愛いクマのキャラクターの描かれた器に盛られていたのだ。

ホヤ酢とこの器の辻褄の合わせ方がわからない。ウツボが描かれた器ならなんとなくわかる。しかし描かれているのは可愛いクマだ。クマ自身もできればチョコレートやグミや小さいシュークリームなどを、何個か乗せてほしかったことだろう。ホヤを酢で和えたものという、可愛さのかけらもない珍味を乗せられ、どこかクマも苦笑いである。

それからしばらく経って、お任せで頼んでいた焼き鳥が1本ずつ運ばれてきた。まず鳥もも、そして手羽先、つくね、白レバー、牛ハラミ。なんだか良さそうな串ばかりだな……と思い、何気なくメニューを見てみると、出てきた5本は綺麗に、焼き鳥の値段の上から順に5本だったのだ。

やられた。元々僕が上級者の頼み方をしようとしていたことなど見抜かれていて、そこを利用されたのだ。悔しい。白レバーなど一番高い串で、鳥皮の3倍の値段だ。正直鳥皮が食べたかった。

僕は店員のやり口に怖くなり、そそくさと焼き鳥を食べ、ホヤ酢をかっ込んで、すぐ会計を頼んだ。ホヤ酢をかっ込んだことなど初めてである。

そして会計はやはり思ったより少し高い。見事に1人飲み初心者への洗礼を受けた。渋々会計を済ませ、店を出る。その時の店員の「ありがとうございました〜」という声が、少し酒の回った僕の頭の中に不気味に響いたのだった。

大阪の夜、僕はホテルに帰りながら、飲みに行く時は誰かを誘ったほうがいいな、と再確認したのだった。〝前乗り〟というやつもどうやら好きになれそうにない。そう思った。

混浴のセオリーに裏切られた屈辱

セオリーというものには、いつもその通りにいく良さと安心感がある。しかしそれが続くと、どこかで裏切って欲しいという気持ちも生まれてくる。

28歳の夏、友達3人と静岡の下田という場所に旅行に行った。友達の1人が勤めている会社の持つペンションが下田にあり、低価格で1日そこに泊まれることになったのだ。これだけで、なにやら殺人事件が起きるか、幽霊が出そうな要素が揃いつつあるが、誰も死なないし幽霊も出はしない。

都内で昼頃に集合して僕の車に乗って出発。現地には3時間程度で着く。夜になんとなくペンションでダラダラ飲み明かすことを目的として行ったが、せっかくだから

観光もしようという話になり、下田近くの山の奥にある有名な滝を見に行くことにした。車で近くに付けると、夏の暑さの中にひんやりとした空気が流れていて、奥には正に霊験あらたかな雰囲気の大きな滝があった。滝の側の立札にも神聖な滝だという説明書きがされている。かといって、滝に対してどう拝めばいいのか、何を願えばいいのかも分からず、4人で馬鹿みたいに滝をぬぼーっと眺め、そのうち誰かが口を開き「もう行こうか」と発した。

そして、行きとは別の下流に向かうルートで駐車場へ歩いていくと1軒の小屋を見つけた。小屋の入り口には『釣竿貸し出し1500円』の文字。どうやら川で鮎釣りを楽しめるらしい。小屋の近くの滝から続く川では大勢の観光客が鮎釣りを楽しんでいる。それを見て僕は思った。川に流れているのは神聖な滝から来ている水だ。その神聖な滝のすぐ近くの下流の鮎は釣っていいのか？　神聖な滝の近くを泳ぐ鮎は神聖な鮎ではないのだろうか。

よく見ると小屋では鮎を焼いてくれるサービスがあり、釣った客が塩焼きにした鮎をむしゃむしゃと食べている。どうやって気持ちを切り替えているのかわからない。ありがたそうに滝を眺めた人が次々と小屋に吸い込まれていき、釣りを始めるのを見て、その人達に体温を感じない恐怖を覚えた。

滝を去る頃にはもう夕方になっていたので、僕らはスーパーで酒やら食材やらできあいの惣菜やらを買い漁ってペンションに向かった。着くと、なかなか大きめのペンションで、2階にはベッドルームが3部屋あり、ジャグジー付きの丸い浴槽があるラブホテルのようなバスルームも完備されている豪華な作りだった。

キッチンも広く、僕らは買ってきた食材で簡単な料理を作り、惣菜をテーブルに広げ、テレビでローカル局の番組などを見ながら酒を飲んだ。ほろ酔いになってきた頃、友達の1人がぼそりと「これだけ良いペンションに来てるのに、男だけってのも寂しい旅行だな」と言った。

考えもしなかったが、言われてみれば確かにそうかもしれない。ベッドルームも充実していて、ギラついたバスルームのあるこのペンションに男だけで来ているのも華がない。かと言って今から下田に来てくれる女子が知り合いにいるようなメンバーでもないので、その話もすぐに収束しかかったその時、携帯電話で周辺を調べていた友達が「あっ！」と声をあげた。注目するとその友達は携帯電話の画面をこちらに見せながら「近くに混浴の温泉があるらしい」と興奮気味に言ったのだ。絶妙なタイミングのちょうど良い情報に僕らは、この流れに乗ってみるのも悪くない、という気持ちになっていた。そして早々に4人でペンションを飛び出した。

温泉までは徒歩で30分弱、少し距離はあるが酔いを冷ますには良い時間である。向かう途中で僕らは「この時間どれくらい女の子いるかなぁ」「脱衣所は男女一緒なのかな」などと話しながら、実に勝手な妄想を各々の脳内で膨らませていた。そしてついにその混浴の温泉に着いたのだ。

ひなびた建物、しかしどっしりと構えているようにも見える。入り口の扉を開けて入ると受付があり、料金を支払ってタオルを借りた。脱衣所はどうやら男女分かれていて、脱衣所を出ると混浴になっているようだ。僕らはそそくさと脱衣所へ行き、勢いよく服を脱いで脱衣カゴに放り投げた。脱衣所を出れば混浴が待っている。そんな期待感を4人とも体から溢れ出させていた。

というのは、その場を楽しむためのノリだった。本当は全員わかっていたのだ。若い女子など居ない。混浴に女性が来ていたとしても大抵年配のおばさんなのである。地方の混浴の温泉に行って、若い女子と温泉に入れることを妄想していたが、いざ入ってみたら「若い女の子1人もいねぇじゃねーか！」とズッコケる。それが混浴のセオリーだ。口には出さないが、僕らはそれがやりたくて混浴に向かったと言ってもいい。なんというか、旅行中にそういう男同士のワチャワチャしたイベントが欲しかったのだ。そんな気持ちを抱えながらも、その場を盛り上げるために、若い女子がいるんじゃないかという期待感は頑張って体から溢れ出させている。悲しい期待感であり、哀愁ともとれる。

しかしそんなことには誰も触れず、裸になった僕たちは意気揚々と混浴への引き戸を開けた。すると、予想だにしない出来事が起こったのだ。立ち込める湯煙の中、目の前に誰かがいた。それはどう見ても20代前半の女子だった。綺麗な顔立ちで、タオルなどで体を隠そうともせず、全裸で目の前を歩いていたのである。僕らは動けなくなった。あんなに「女の子いるかなぁ」などと言っていた僕らが、本当に若い女子がいることを想定していなかったのだ。そして次の瞬間、急に恥ずかしくなった。

堂々たるその女子を前にし、全員股間をタオルで隠しながら洗い場へ向かった。その時初めて知った。混浴に綺麗な若い女子がいると、ラッキーでも興奮するでもなく、自分が裸でいることが恥ずかしくなるのだ。幻想は砕かれ、僕らは頭を冷やすように洗い場で体を洗い、その女子と距離を取るように少し離れた場所にある温泉に入ったのだった。浸かりながら、湯煙で霞む向こうの様子をチラチラ窺っていると、なんとその女子は、この混浴に彼氏と来ていたようで、温泉に男と入っていた。

僕らの砕かれた幻想が、さらに踏みにじられた。はっきりと見えてはいないが、彼氏の方がこちらをチラチラ見ながら、僕らに勝ち誇った顔をしているような気がする。混浴に入ったら若い女子がいないことの比ではないくらい、強烈な敗北感に襲われた。僕らはその屈辱に耐えきれず、少し浸かっただけで、すぐさまお湯から上がり、脱衣所で着替えて温泉を後にしたのだった。帰りのペンションへの道は、行きよりはるかに長く感じた。

混浴から帰って夜中まで酒を浴びるほど飲んだ僕たちは、次の日、ダラダラと昼過ぎに目を覚ました。その頃には昨日の屈辱の鮮度は落ちていて、半ば忘れていたのだ。近くに混浴があり、若い女子も来る。そんな都合の良い記憶だけがぼんやりと頭に残っていた。もう一度あの素晴らしい混浴へ行ってみよう。そんな話になり、適当に昼飯を食べ、二日酔いで重い頭を抱えながら混浴へ向かった。

温泉に着き、受付でお金を払って、脱衣所で服を脱いだ。そして混浴への扉を開けた。そこにいた女性は、見事に全員お婆さんばかりであった。

セオリーというものには、いつもその通りにいく良さと安心感があるが、どこかで裏切って欲しい気持ちもある。しかし本当に裏切られた時、僕らはセオリーの良さに気付くのだ。

あの日、温泉に入るお婆さんたちを見た僕らは、不思議と心も体も温まって帰ったのだった。

脚立に気をとられ披露宴をすっぽかす

僕には、あらゆるものを忘れてしまう欠点がある。携帯電話や身の回りの物の場所、歯医者などの予約、それが大事なものかどうかに関係なく、うっかり忘れてしまうのだ。その欠点が、ついにはとてつもない失敗を引き起こした。

仕事が休みの日の夕方。ふと、ホームセンターに行くことにした。ぼんやり、家で使う小さめの脚立を買おうと思ったのだ。

車でホームセンターへ向かい、店に着くと、入ってさっそく脚立の売り場へ行き、物色していた。何種類も並ぶ中、求めていたサイズの脚立が見つかった。小さめの脚立だ。膝より少し上くらいの高さで、折りたたむとかなり小さくすることができる。

これにしよう。そう思い、脚立を抱えてレジに向かった。

その時、僕の携帯電話が鳴ったのだ。小さめの脚立を持ったまま片手で操作して見てみると、中学校の同級生からのメール。中を開けると『○○の披露宴来ないの？もう始まるよ』と書いてあった。その瞬間、全てを思い出した。

そう、この日は同級生の結婚式だったのである。さらに事もあろうに僕は披露宴でスピーチを頼まれていたのだ。3ヶ月前に結婚式の案内が自宅に届いていたこと、スピーチを頼まれて引き受けたこと、あらゆる記憶が頭を駆け巡った。さながら記憶喪失だった人が何かをきっかけに全てを思い出し、人格を取り戻したかのようだった。やってしまった。一生の内でも最悪の部類の失敗である。

額から汗がブワッと吹き出し、一度時間を確認すると夕方の5時を回ったところだった。披露宴は5時からだ。もう始まっている。会場は東京都心部なのだが、都心から外れたところにあるホームセンターに来てしまっていたため、直接行っても1時間程度はかかる。

小さめの脚立など買いに行っている場合ではなかった。その時なぜか片手に持っている小ぶりの脚立に、とにかくむかついていた。そして、どうする？　と頭の中で思考を巡らせた。

しかし、この『どうする？』というのは、その極限状態において『どうやって早いこと会場にたどり着くか』や『どう謝罪するか』の意味ではなく『どういう嘘をついて行けなかったことにするか』という意味だ。

こんな切羽詰まった状況で結婚披露宴になど、もはや行きたくない。悪い考え方だということはわかっているのだが、どうしてもそう考えてしまう気持ちは、誰にでもあるはずだ。とにかくこの状況から逃げ出したい。祖母の体調が悪くなった、行く途中で車をぶつけてしまった、という案を、脳内の最低な工場で次々と生産し続けていた。

だが気付く。僕の同級生ともなれば、僕が約束を忘れた挙句、行けなかった理由を平気ででっち上げることなど、容易に想像がつくだろう。そうなると考えた数々の案は却下である。クソ野郎どもが！　無駄に勘を働かせてるんじゃねぇよ！　と、何も悪くない同級生達を罵倒していることに気付き、一旦落ち着こうと思った。

落ち着いて考えた結果、今の状況を客観視してみることにした。客観的に自分を見ている自分を作ったのだ。

同級生の結婚披露宴をすっぽかしてしまっている。しかもスピーチを頼まれるほど仲の良い同級生だ。だが披露宴終了までにはもう間に合わないかもしれない。そんな現状を俯瞰で見た時に、ある考えが生まれた。
『今から急いで行ってみて、終了までにギリギリ間に合ったとしたら、会場はどんな空気になるんだろう』。その考えが生まれた時に、客観的に自分を見ている自分は、自分が会場に行ってとんでもない空気になるのを見てみたい。そんな奇妙な好奇心を覚えていた。

僕は憎き小さめの脚立を売り場へ返し、スーツに着替えるために車で一旦自宅へ戻った。家に向かう途中、僕は想像の中で自分を50回殺した。この出来事を戒めるために、様々な方法で自分を殺したのである。そうしている間に自宅に着き、即刻スーツに着替えて、会場までは電車の方が早いことに気付いたので、電車に乗るべく駅へ向かった。

しかし、このままシラフで行くのは耐えられそうもないと思った僕は、駅へ向かう途中、祝儀袋を買おうと立ち寄ったコンビニで一緒に缶ビールを1本買ったのだ。そして店の前で、戦場の兵士がモルヒネを打つように、缶ビールを一気に飲み干した。どこか痛みが和らいでいくのを感じた。

その後、駅に着いて電車に乗った。目的の駅までは30分なのだが、遅刻をしてしまっている時の電車内で、いつも思うことがある。待ち合わせ時間にどんなに遅れていても、電車に乗ってしまうと急ぐことができない。30分かかる乗車時間は、どうあがいても25分にはならないのだ。なので遅刻して乗った電車の中で焦っていようが寝ていようが、着くのは30分後なのである。

そんなことを考えながら、目的の駅に着くまでの時間、僕は携帯電話に入っているゲームを楽しんだ。

目的の駅に着いた。ゲームでは上手くレベルを2つ上げることができた。電車を降りると、駆け足で会場へ向かった。そしてついに会場に到着したが、その時既に披露宴開始から2時間半が経っていた。まだやってるか？　という不安を抱えながら、僕は披露宴会場という名の地獄に足を踏み入れたのだった。

披露宴は、新郎が今まさに最後の謝辞を読もうとしているところだった。何とか終わるまでには間に合った。ほっとしたのも束の間、謝辞が始まった直後に僕が会場に入ったことにいち早く気付いた係の人が、席に案内しようと「こちらへどうぞ」と、僕に話しかけてきたのだ。

余計なことすんなよ！　今席に着こうとしたら目立つだろ！　謝辞が終わってからでいいんだよ！　そう思って、席に着くのを断り、会場内の目立たない隅の方で謝辞を聞いた。
素晴らしい謝辞だった。感謝と愛の想いの伝わる、感動の謝辞であった。ただ、その日の僕は謝辞を受け取る立場に全く無い。本来ならば会場の隅で正座をし、膝の上に重い四角い石を乗せられて、猛省しながら聞くべきなのだ。謝辞の中の優しい言葉の数々が、鞭となって僕を打った。

謝辞が終わって新郎新婦が退場した。そしてスクリーンにエンドロールのような映像が流れ出す。僕は皆がスクリーンを見ている薄明かりの中でスッと席に着いた。すると次第に同級生が気付き出す。「うわ、岩井きたよ！」「何やってんだよ！　おせーよ！」「スピーチすっぽかしただろ！　ふざけんなよ！」僕を見つけては口々に罵倒し出す。

わかってんだよヤバいってことは！　お前らが「ふざけんなよ」と思うより俺の方がはるかに自分に対してふざけんなよ！　って思ってるから！　日にち間違えちゃっただけで、まさか悪気なんてあるわけないし、今回のことに対して言及したってもう無意味なの！　というか、想像してみろよ！　友達の結婚式でスピーチ任されてたけど、日にち間違えちゃって、最後の最後しか来られなくて会場中から顰蹙（ひんしゅく）買ってるのも可哀想だろ！　逆にお前らだったらこの状況で最後だけ披露宴に来られるのか⁉

来られねぇよな！！？

そんな理不尽な怒号を頭の中で響かせながら反省顔を保つ。すると、司会をやっていた新婦側の友人が「ここで新郎のご友人がやっとご到着されたようです」とマイクでアナウンスする。

は？　いらねーだろ！　披露宴は無事終わったんだからよ！　公開処刑しようってか！　底意地悪りぃな！　そもそもお前誰だよ！　と思いながらも、僕は顔を引きつらせてヘコヘコ頭を下げるばかりであった。

同級生の罵倒を一通り聞き終わり、皆が荷物をまとめてぱらぱらと帰り出しているので、僕も流れに任せて帰ろうとした。すると会場の出口近くで、新郎新婦が帰る参列者に手土産を渡していたのだ。

僕は気不味（まず）さを抱えながら出口への列に並び、自分の番が来た時に新郎新婦に遅刻とスピーチの件を深く詫びた。新郎は笑いながら「いいよ！　大丈夫大丈夫！」と和やかに言った。

その帰り道、僕は想像の中で自分をもう50回殺したのだった。

忘れてしまうことによって、とてつもない失敗を引き起こしてしまうものだ。あれからしばらく経った。反省は多少薄れてきている。そろそろまた何か重大な失敗を引き起こす予感はしている。

夏休みの地獄の2日間の思い出

夏になると小学生の夏休みのことを思い出す。夏休みといってもいい思い出ばかりではなく、毎年思い出す夏休みの出来事は少し嫌な思い出だ。

小学校3年生の夏休みのある日。昼前まで家で寝ていると、母親の「ちょっと！起きて起きて！」という焦った声と共に、乱暴に肩を揺すられて起きた。その起こされ方に、何か面倒なことが起こりそうな予感がしていた。

母親は寝ぼけまなこの僕を無理やりパジャマから着替えさせ「行くよ！」と言って家を出ると、車の助手席に乗せた。そして運転しながら僕に事情を説明したのだった。

どうやら母親は夏休み前に、ボランティア団体が夏休みの子供達のために企画した

『小学生の子供を自然に触れさせて遊ばせよう』という趣旨のイベントのポスターを見つけ、応募したはいいがそのことをすっかり忘れていたらしいのだ。そして当日になり、主催者から「お子さん来てませんけど、どうかしましたか？」と電話がかかってきたと言う。

さらに母親はそのイベントに応募したことを僕に言うのすら忘れていたため、当然僕はその時まで何も知らず、寝起きで説明もしっかり頭に入ってこないまま、イベント会場である公民館に向かっていた。

公民館に着くと入り口に主催者らしき男の人がおり、母親が軽くその人に謝りながら僕を預けた。僕が主催者らしき男の人に連れられ、公民館の中の一番大きなホールに行くと、応募した小学生達と、ボランティアの20代の男女4人ほどが何やら遊んで盛り上がっている。

僕はそれを見たときに、どこかすごく嫌なところに連れて来られたような気がしていた。理由は、そこに参加している小学生が10人ほどいたのだが、学年がバラバラな上にその地域でも僕の知らない子供達で、見るからに女子が多く、そして僕以外のほとんどの子供が友達と参加していたからだった。

母親がどうしてこのイベントに僕1人を参加させたのかはわからないが、僕だけ1

人で来ていて、しかも遅刻してしまっているという2つの十字架を背負わされた状態でのスタートは、疎外感を抱くには十分過ぎた。過去を思い返しても、あんなに拳を握り締めて母親を呪ったことはない。

しかし、遅刻してしまった僕をボランティア団体の大人達は明るく迎えてくれた。夏休みに子供を遊ばせるこんなイベントを、賃金も貰わずにやるような大人である。「俺らと一緒に夏を楽しもうぜ！」「一番の思い出を作ろうよ！」というキラキラした雰囲気に満ち溢れている。

だが僕は小学生ながらに、この大人は、子供達に夏の思い出を作ったという思い出を自分たちが作るためにやってるんだろうな、とうっすら感じていたのだった。

イベントに参加した頃には僕は2時間程度遅刻していたので、ちょうど最初の企画が終わったところだった。その企画というのが、ホールにみんなのアジトを作るというものだったらしく、ホールの端には段ボールやら新聞紙やらトイレットペーパーの芯やらで作られた、それは大きなアジトが完成している。

最初の企画が終わって次の企画に移るまでに、とりあえず休憩がてら1時間ほどみんなでそのアジトで寝るというところからの参加だったのだが、僕にとっては全く知らないアジトである。〝知らないアジト〟なんて言葉は聞いたことがない。馴染みがあるからこそアジトであり、知らなければ多分そこはアジトではない。

しかも〝知らないアジト〟で一緒に寝ているのは〝知らない子供達〟である。さらに僕は直前まで家で寝ていてアジト作りに参加していないため、疲れていないので眠くならない。かといって喋る相手もいないので横になって目をつむり、寝たふりをしていた。

〝知らないアジト〟で〝知らない子供達〟の中、寝たふりをしている。あの時間は嘘にまみれていた。

1時間が経ち、全員起こされると「草むらに行きまーす！」と大人が高らかに声を上げ、近くの雑木林に向かった。雑草が濃く生い茂っている場所に着き、次は雑草を刈って潰して固めた後、干してハガキを作るという企画が始まるのだった。

1人1人に鎌が手渡され、まずはみんなで材料になる雑草を刈って集めるのだが、友達のいない僕は端の方で1人で草を刈っていた。するとボランティア団体の女の人が来て「どうしたの？　みんなと一緒にやろうよ？」と僕に声をかけた。

何もわかっていない。僕はとにかくその日をやり過ごせればよかったのだ。もう出来上がっている輪に入れるとも思えないし、こうやって同情で声をかけられていることを他の子供達に見られることこそが、この状況で一番恐れていることだったのだ。恐らくこの20代キラキラ女は、友達の輪に入れず孤立してしまった記憶などないのだろう。

僕は、可哀そうだと思って声かけてくるんじゃねーよ！　と思っていたのだが、大人には抗えず、他の子供達のところに連れて行かれた。そして、20代キラキラ女は「みんなー、仲間に入れてあげようよ！」という滅びの呪文を唱え、声をかけられた子供達の哀れみの視線が僕の胸を突き刺した。

そしてこのとき気付いたのだが、子供達の中に、僕と同じ小学校の同学年で違うクラスの喋ったことのない女子が2人居たのだ。僕は絶望した。

他の子供達と仲良くしている感じを出しつつ、潰した草を水にさらして、ザルで漉いて固め、天日干しまでが終わる。すると大人達が「今日はこれで終わりです！　1日干したら乾いてハガキが完成するから、明日みんなで手紙を書こう！」と言った。僕はそれを言われて初めて気付いた。え？　これ明日もあんの？　そう、地獄のイベントは2日間だったのだ。

今日だけなら他の子供にどう思われてもいいと思い、誰とも話さないで過ごしていたが、次の日もあるとなると話は別である。翌日も、知らない子供達のままのあの参加者と仲良くしているフリをしなければならないのかと思うと最悪な気分になり、歯を食いしばりながら2日間あると僕に伝えていなかった母親をもう一度呪った。

次の日、忘れることなくしっかりとした時間に起こす母親に苛立ちを覚えながら、ののこのこと再び公民館へ向かった。ホールに着くと僕以外の子供は1日目でなんとなく輪ができたらしく、アジトで楽しそうに喋っている。僕は静かにイベントが始まるのを待った。

次第にボランティア団体の大人達が来て、2日目のイベントが始まる。その日は雨が降っていたので、外でのイベントができず、急遽屋内でオリジナルのカルタを作ることになった。

子供1人1人に五十音の何文字かが割り当てられ、絵を描いて5・7・5での文章を作る。この企画はとても助かった。協力するようなものではないので黙々と作業ができる。内職のように僕はひたすらカルタ作りに没頭した。

その時のカルタは「のりせんべい、パリパリ食べて、おいしいな」といった、このイベントからの脈絡も捻りもない読み札だったが、そんなことは気にならない。とにかく作ることに熱中できて「集中してるからあまりかまわないでおこう」と思われることが大事だった。

各々が数枚のカルタを作ると、それを使ったカルタ合戦をしようということになった。そこで僕は前日からの苛立ちもあり、個人戦だったそのカルタ合戦でストレスを発散するかのように怒濤の札の奪取を連発した。そして10人ほどの子供達の中、半数近くの札を集めて優勝を勝ち取ったのだ。

しかし現実は皮肉である。今まで目立たなかった人物のその行動が、さらに孤立を加速させることとなった。

そして最後、前日草で作ったハガキに各々自分宛ての手紙を書き、切手を貼って夏休み最後の日に届くようにポストに投函して、イベントは終了した。

2日を通して友達はできなかった。だがどうでもよかった。僕にとってはプラスを作る2日間ではなく、マイナスを減らす2日間だったのだ。傷を増やさずイベントを終えられればいい。そこそこ深手は負ったが。

こうして僕の夏の冷え切った2日間は終わりを迎えた。

大人になり、部屋の荷物を整理していると、そのイベントの最後に自分に宛てた手紙が出てきた。手紙の内容まではすっかり忘れていた。

読んでみると、2日間の企画の内容がただ説明するように淡々と書かれており、ほとんど感想などはなかったのだが、その手紙の最後に一言「全然楽しくなかったよ」と添えられていた。

今思えば、あの2日間が僕の人格形成に関わっている可能性は極めて高い。

地球最後の日に食べたいもの

先日、仕事の先輩と話していて「お前って鰻好きだよな？」と聞かれた。そう、僕は鰻がとても好きだ。自分の中の好きな食べ物で上位3位以内には入る。他の魚には無いあの独特の味と、タレとの抜群の相性。たまらない。どんな鰻であろうと好きだ。よく、好きな食べ物を挙げた後に「ちゃんとした店で食べると格別だよ？　チェーン店のはダメ。しっかり調理されてないから食べられたもんじゃない。旨い店は本当旨いよ」などと、やたら食通ぶる奴がいるが、そんな奴は本当にその食べ物を愛していない。

僕は鰻だったらなんでも美味しい。高級店であろうがチェーンの牛丼屋の出す鰻丼であろうが、同じぐらい美味しく感じる。鰻のすることならなんだって許せるし、鰻に好きなようにさせてあげて、どんな姿の鰻でも「美味しい」と言って食べてあげられる自信がある。もう鰻である時点でメーターが振り切れているのだ。

たとえそれがスーパーで買った冷凍の鰻のような、少し弾力のあるブヨッとした鰻でも良い。それを冷凍庫の中で、賞味期限ギリギリまで放置した末、雑に解凍して食べても最高に美味しく感じるだろう。なので「鰻好きだよな？」と聞く先輩に、僕は当然のように「はい。すごく好きです」と答えた。

すると先輩は続けて「だとしたら、もし〝地球最後の日に何を食べるか〟ってなったら、鰻食べるってこと？」と僕に質問した。

この手の空想の質問に答えるのは僕も好きだ。しかしこの〝地球最後の日に何を食べるか〟という質問に対して、僕はいつも悩む。それは、もし地球最後の日が本当に来たとして「あぁ、もう今日で地球が終わってしまうんだ……。死ぬんだ……」と悲しみに打ちひしがれている時に、大好物であれ、鰻のような胃に重たいものを食べられるかということだ。

相当な恐怖と絶望感の中、食欲も減退していて、鰻が喉を通るだろうか。そう思った時、好きな食べ物の中で全く上位には位置していないが、地球最後の日に食べるのはおかゆや桃やゼリーといった、病人の食べるようなものではないかと考えるのである。

そう僕が悩んでいると、先輩が「俺はやっぱり一番好きな食べ物を食べたいから……」と言い始めたので、やはりこの人も地球最後の日をしっかり想定しないで欲望のままに食べたい物を考えてるんだな、と思っていると、先輩は「そうめんかな！」と言った。

なんでそうめんなんだよ！　地球最後の日がどうという話以前に、なんで一番好きなものがそうめんなんだよ！　一番好きな食べ物がそうめんの奴なんて聞いたことねぇよ！　意味わからねぇだろ！　と先輩の言葉に理解が追い付かずにいると「昔からそうめん好きなんだよねー。ちょっとお金出して高級なそうめん買うと、すっごく旨くてさ」と言い出したのだ。

はいはい、食通のやつね。そうめんごときで食通のやつやるなよ、と呆れていたが、どうやら聞いていると本当にそうめんが好きらしい。そうめんなど御中元での貰い物が家のどこかにあって、それをなんとなくで食べるものだと思っていた。

だが、やはり地球最後の日に一番好きな食べ物を食べるという考えは甘い。〝喉を通らない〟という問題とは別に、〝どこで食べるんだ〟という問題が湧き起こってくるからだ。そう、地球最後の日は地球人全員にとって最後の日なので、飲食店はどこも営業していないだろう。

一番好きな食べ物で、寿司や焼肉を挙げる人もかなり多そうだが、寿司も焼肉も恐らく店が営業していなければ、なかなか食べられるものではない。しかし、もしかしたら「地球最後の日もいつもと同じように営業して、俺は生涯寿司職人として終わろう……」という想いで、店を開ける粋な寿司職人もいるかもしれない。だとしても、そんな店は極めて少ないので客が殺到するのだ。

そうなると地球最後の日に行列に並ぶことになる。地球最後の日に1時間も2時間も並びたくはない。地球最後の日の待ち時間ほど無意味なものはない。しかも地球最後の日ということがわかっているだけで、何時に地球が滅ぶかはわからない。地球の滅び方もわからないので、寿司屋の行列に並んでいる最中に隕石が降ってきて地球がボカーンと爆発して、待ち時間に死んでしまったら最悪である。


では仮に、今日が地球最後の日ということを、自分だけが知らされている場合の想定をしよう。そうすれば僕以外の人は地球最後の日ということを知らないので、飲食店は通常営業をしている。

しかし今日が地球最後の日ということを自分だけが知っているとなると、恐らくそこで、この地球最後の日というのを他の人にも知らせた方がいいのか？　という考えに至るはずだ。だが「みんな聞いてくれ！　今日で地球は消滅する！　地球最後の日なんだ！」と高らかに叫んでも、誰も信じてはくれないだろう。それどころか地球最後の日に頭がおかしいと思われて終わってしまう。

結局この事実を知っているのは自分だけ、と思うと、さらにプレッシャーで何も食べられなくなる。そして挙句僕は、地球最後の日って本当か？　俺の頭がどうかしちゃったんじゃないか？　と、疑心暗鬼になるのだ。食べ物どころではない。

疑心暗鬼ついでに、もし高級寿司や高級焼肉などを食べてしまった場合、もし自分の頭がおかしくなっていただけでその日何も起こらなかった、となったら、何でもない日に余計な贅沢をしてしまっていたことになり、思わぬ出費となる。そんな疑いの沼にも嵌(はま)ってしまう。

それでは、やはり地球人全員に、今日が地球最後の日と告知されている場合の想定に戻す。

これを本当に現実的に捉えると、行列に並ぶか否か、などと書いたが、実際そうなった地球では、人は暴徒化し、街は酷く荒れているだろう。店や施設では、盗みや破壊活動が横行し、外は危険極まりない状態になりそうだ。

　そこで、家にいる方が安全、という考えに辿り着く。すると自ずと家にあるものを食べることになるのだ。

　だが、いつ隕石が降ってきて地球がボカーンと爆発するかはわからないので、時間をかけて凝った料理は作れない。そうなると、家になんとなくあって、サッと作れて、地球最後の日に絶望に打ちひしがれていても喉を通る、さっぱりしたもの。

　ここまで聞けばお分かりかもしれない。結論、そうめんなのである。


　理屈を捏ねて考えるより、純粋に〝好きだ〟という気持ちで突き進むほうが近道だったりすることもあるみたいだ。僕は、先輩との〝地球最後の日に何を食べるか〟という会話の中で、どこか恋愛の真理に辿り着いたような気がした。いや、違うかもしれない。わからない。

狐顔の男に人生を乗っ取られた4年間

高校を卒業して進学しなかったので、暇だった。1日6時間程度のバイトに週4、5回行き、実家暮らしだったので他にすることも無く、バイト以外の時間をダラダラ過ごしていた。

そんなある日、暇を持て余した僕は、ふとCMで観た無料で遊べるパソコンゲームを、無料という触れ込みにまんまと誘われて、実家のノートパソコンを使ってやってみることにしたのだ。

選んだのはオンラインのロールプレイングゲームだった。冒険をしながら敵を倒してレベルを上げてまた冒険、といったゲームなのだが、オンラインなのでゲーム画面に他のプレイヤーが存在している。一緒に戦うこともできるし、もちろんチャットを

使って会話もできる。

僕は初めてのオンラインゲームにワクワクしながら、インターネットでゲームをダウンロードしたのだった。

パソコンにゲームが入ると、まずは自分の使うキャラクターを作る画面になる。顔のパーツも細かく選べるので、とりあえず僕に似せた目の細い狐顔のキャラクターを作った。今考えれば、ゲームの中くらいパッチリした目の男前になれば良いのに、なぜ狐顔にしたのだろう。

作った後は、そのゲームの中心となる街からスタートするのだが、初めてのオンラインゲームの世界は新鮮だった。とにかく街を人が行き交っている。それもゲームの運営側が用意したキャラクターではなく、今まさに誰かが操作しているキャラクターなのだ。

動きが規則的ではなく、自由に走り回っている。さらにプレイヤー同士のチャットでは「あのボスが倒せなくてさ～」「最近、洞窟に新しいモンスター出るらしいよ」といった色んな会話がなされていた。ゲーム上に知らない人がたくさんいる。それだけで閉鎖的だった家庭用ゲームとは全く違う感覚だった。

僕は自分の作った狐顔の男を操作して、近くの建物に入った。そこにもプレイヤーが何人か居たが、操作に慣れる為、建物内を歩き回った後、部屋の端の椅子に腰をかけた。

すると丁度同じタイミングで隣の椅子に、甲冑（かっちゅう）を着た剣士のプレイヤーが座ったのだ。僕は、自分もこのゲームで誰かと会話してみたいと思い、勇気を振り絞って「すいません」と、ゲームの世界で初めて他人に話しかけた。バイト初日に、休憩所で同じ時間に休憩に入っている先輩に話しかける程度に心がざわついた。

突然見知らぬ狐顔の男に話しかけられた甲冑の剣士は、僕に「？」と返した。言葉にならない返答に、若干怪しんでいるのが伝わってくる。僕は慣れないチャットで「今日このゲーム始めたばかりなんですけど、どうしたら強くなれますか？」と続けた。少しの沈黙の後、甲冑の剣士が「そりゃあ……こうやって街でぼんやり会話するのをやめて戦いに行くことだろうねぇ」と答えた。

僕にはその一言がすごく印象的だった。なんというか、その気の利いた見事な返しに、他のプレイヤーとコミュニケーションがとれるゲームって面白いかも、とゲーム初日で思えたのだ。僕はその後23歳くらいまで、4年近くオンラインゲームを続けていたのだが、それはその言葉に面白さを感じたからかもしれない。その剣士とは、それっきり会うことはなかった。

それから僕はそのオンラインゲームに熱中し、ゲーム、バイト、ゲーム、睡眠という1日を繰り返し、バイトのない休日もゲームに明け暮れた。次第にゲーム上でも知り合いができ、敵を一緒に倒しに行ったり、ゲーム内の情報を交換し合ったりと、その世界で充実した生活を送っていたのだった。

しかし、あの頃ののめり込み方は今考えると怖いところがある。オンラインのロールプレイングゲームの多くは、やり込めばやり込むほどキャラクターが強くなるように作られている。ということは、ゲームに時間を費やすことのできる人ほど強い。

ゲーム内の知り合いにも強い人は沢山いて、その人達は大概僕がゲームを開いた時にはそこに居るのだ。どんな仕事をしているのかは分からないが、生活の比重を相当ゲームに置いている。

しかし、ゲーム好きという共通点のある知り合いなので気の良い人も多く、僕が1日2日ゲームをやれなかったりすれば、次にゲームを開いた時にその人たちとの会話の中で「昨日と一昨日来てなかったね、どうしたの？」などと何気なく聞いてくれるのだ。大して深い意味はないのだろうが、それが積み重なっていくと、毎日少しでもいいからあの世界に行かなくちゃ、という考えになってくる。

そうしてどんどん生活の比重がゲームに持っていかれてしまい、その内バイトも少し減らし、睡眠時間もできるだけ削りながらゲームをするようになった。

一番のめり込んでいた時期は、僕でいる時間より狐顔の男でいる時間の方が多くなってしまい、僕の人生は狐顔の男に乗っ取られていたのだ。挙句、睡眠時間も削っていたので寝不足の僕の目はどんどん細くなり、僕自身もより狐顔になっていった。

僕が今でも目の細い狐顔と揶揄されるのは、狐顔の男に人生を乗っ取られていた、その頃の後遺症があるからである。昔から狐顔ではあったが、そこまで狐顔狐顔と言われるほど狐顔ではなかったので、より狐顔と言われてしまうようになったのは、あの狐顔の男のせいだろう。

4年近く狐顔の男の生活を送り、僕が僕の人生をどうやって取り戻せたかというと、突如そのゲームのサービスが終了することになったからだ。つまり、ゲーム自体が終わってプレイすることができなくなることが決まったのである。

長年その世界に居たからわかるのだが、僕がそのゲームを始めた頃より、確かにプレイヤーの人数は減っていた。プレイヤーが減っては運営が立ち行かなくなる。

狐顔の男の生活をしていた僕は落胆した。今までいた世界が無くなる。言うならば地球が破滅するのと同等である。地球は滅び、今まで培ってきた経験や文明は消し飛んで価値を失うのだ。

そして狐顔の男の存在も消滅する。そう思った瞬間、僕の意識は狐顔の男から離れ、僕は僕を取り戻したのだ。

終了するまでの数週間で、そのゲームから離れていっていたプレイヤーがちらほら戻ってくる。懐かしい知り合いと思い出話をしたり、久々に一緒に冒険に出て遊んだ。

そして、ついにその世界の最後の日がやってきた。よく遊んでいた知り合いは全員ゲームを開いていた。お互いどんな人なのか、なんの仕事をしているのか、年齢さえも知らない。しかしゲーム内の名前で呼び合うその人達にすごく親近感を覚えている。

僕等はよく集まっていた場所で最後の時を過ごした。一番気に入っていた装備を身につけ、ゲーム内で1対1で何度も対決して全く勝てたことのなかった知り合いともう一度対決した。そして負けた。「やっぱり一度も勝てなかったなぁ」と、しみじみ話すのだった。

集まった知り合い同士で「また違うゲームで見かけたら声かけて。同じ名前でやってるだろうから」「こんなにハマれるゲームなかったー」「まだ攻略できてない場所あったのになぁ」などと雑談していると、ゲーム終了まで残り数分となった。僕は何気なく集会所の隅の椅子に腰をかけた。そこはゲームを始めた時、座って甲冑の剣士と話したあの場所だった。

それを思い出した時、同時にゲーム内での色んな思い出が蘇ってきた。なかなか倒せない敵を知り合いに手伝ってもらって倒したこと。自分のミスで仲間が全滅してしまい怒られたこと。ただただ雑談だけして1日終わったこと。始めたてのプレイヤーが強くなれるようにみんなで手伝ったこと。

僕は狐顔の男としてこの世界で生活していたのだ。

やがて、知り合いの1人が口を開き「俺はこれから仕事が忙しくなるから、もうこういうオンラインゲームはできないけど、このゲームにみんなが居てくれたから楽しかったよ」と言った。

僕は泣いた。両目から涙が出た。自分の住んでいる世界とは違うけど、この世界は確実にあったのだ。チャットなのでわからないが、他のプレイヤーも泣いていたかもしれない。

各々「またね」「さよならー」と挨拶をし、ついにその時がきた。ゲーム画面が止まり「長らくのご愛顧ありがとうございました。ゲームのサービスを終了しました」という文字が表示された。僕はパソコンを閉じた。これを機に、僕もオンラインゲームを辞めたのだった。

あのゲームをしていた4年間のことはたまに思い出す。そして、もしまたオンラインゲームをやることがあれば、その時はまたキャラクターを狐顔にしようと思うのだった。

10代の頃に思い描いていた想像の一人暮らし

30歳になった頃、僕の遅めの一人暮らしは始まった。30代であろうが、初めての一人暮らしにはそれなりにワクワクした。お風呂に入る時間も決まっていなければ、何時に寝てもいい。食パンにマーガリンをどれだけ塗ろうが文句を言われないし、ベッドの上でアイスを食べても怒られない。アイスを布団にこぼしてカバーを汚してしまっても自分で洗えば済む話だ。一人の王国は、良くも悪くも無秩序だった。

しばらくその無秩序を楽しんでいたのだが、徐々に新鮮さは薄れ、始めたての興奮は、4年も経てばほとんど効き目を失っていた。そして、冷静になって自分の一人暮らしを思い返してみると、僕が求めていた一人暮らしは、どこかこうじゃなかったような気がした。

この違和感の正体をなかなか摑めずにいたのだが、最近分かったのである。恐らく今の一人暮らしが、僕が10代の頃に思い描いていた〝一人暮らし〟と違うからだ。僕の遅めの一人暮らしは、20代で始める一人暮らしよりも経済的に余裕があったので、メゾネットタイプのアパートに住み、好きな家具を買い揃え、さらには車にも乗って快適に暮らすというものだった。これが10代の頃の僕の想像とのずれを生んだのかもしれない。

僕が10代の頃に思い描いていた一人暮らしのイメージはなぜか詳細だ。外観が団地とも取れる旧めのマンションの4階の部屋。間取りは1K。玄関のドアは鉄でできた茶色いドアで、このドアが手で押さえてゆっくり閉めないと閉まる時にガチャン！　とうるさいのだ。8畳ほどの部屋には、テレビやちゃぶ台があったり、ゲーム機が転がっているが、割とガランとしている。そして部屋の外にはベランダが付いている。

雲がぽかんと浮かぶ晴れた日、僕はフリーターなので昼の3時くらいにベランダに置いてある洗濯機を回し、その横に座ってタバコをスパーっと吸いながら、下を通る下校途中の小学生をぼーっと眺めている。

別の日は、バイト終わりの夕方。肉屋でコロッケを買って、袋をぶら下げながらマンションに帰ると、入り口を大家さんがほうきで掃除しており「ちわー……」と挨拶をしてマンションの階段を上る。

わかるだろうか。10代の頃に思い描いていた一人暮らしとは、この感じの一人暮らしだ。サイケデリックな色の、数珠（じゅず）みたいなすだれが部屋とキッチンを隔てている、あの一人暮らしだ。キッチンに付いている蛍光灯のスイッチを入れるとチカッチカッと点滅しながらゆっくり点く、あの一人暮らしなのだ。

夏の暑い日。エアコンが壊れているので、青と白のストライプのトランクス一丁になりながら扇風機だけでしのいでいたが、それが限界に達する。そこで冷蔵庫の冷凍室を開けて、箱に入った3種類くらいの味があるフルーツの棒アイスを食べようとするが、箱の中にはアイスが1本しか入っておらず「最後の1本か……」と、こめかみから汗を流すのだ。

同い年くらいの彼女がおり、髪はストレートロング、明るめに染めてはいるが脳天は真っ黒で、完全にプリンになってしまっている。僕が家で寝ているとガチャっと入ってきて、部屋に散らかっているゴミを2、3個拾ってゴミ箱に捨てる。そして、ちゃぶ台の上にある3日前くらいに食べたカップ麺の残り汁の入った容器を見て「ウゲー……」と、舌を出しながら言うのである。

別の日、僕がバイトの給料日前に金欠でいると、また家に彼女が来る。彼女は空腹でゴロゴロしている僕を見て「ほらよ」とタバコを1箱投げてくれるのだ。僕は彼女に向かって手を擦り合わせながら「神様仏様〜!」と言い、彼女からもらったラッキーストライクをスパーっと吸って煙を部屋の電灯に吹きかけながら「やっぱ空きっ腹で吸うタバコが一番うめーよなー」と呟く。それを見た彼女は、呆れたようでも嬉しそうでもある表情をうっすら浮かべ、ぶっきらぼうに「ばーか」と言うのである。

そんな彼女に、たまに「ごちそう食わせてやるよ」と言って、肉屋で3個入りのコロッケを買ってきて1つだけ半分に切り、1個半ずつにする。そして丼にご飯をよそい、千切りキャベツとコロッケを乗せてコロッケ丼を2つ作るのだ。最後に冷蔵庫を開けて卵を取ろうとすると、卵が1つしか無いことに気づき「あっ……」となるのだが、「特別だぞー」と言いながらその1つしかない卵を彼女の丼にだけかけて出してあげるのである。僕は「これがうめーんだよ」とガツガツとコロッケ丼を食べる。そんな僕を横目に、彼女も一口食べ「……あ、うまい」と言うのである。

中学の頃の同級生何人かと飲んでいると「今月営業ノルマきつくてさー」「今年中

に会社から独立しようと思ってんだよ」など、みんな仕事の話に花を咲かせる。すると唐突に「最近どうなの？」と僕に話が振られ、僕は口ごもりながら「まぁぼちぼち……」と曖昧な返事を返すのだ。

次の日の昼過ぎにスーパーで買い物をして帰る途中、河川敷で野球をしている小学生のボールがこっちに転がってくる。僕は「兄ちゃんこっちこっちー！」と呼ぶ小学生の方にボールがこっちにボールを投げ返し、その流れで小学生に混ざって本気で野球をするのだ。日も暮れてきて、夕方「兄ちゃんまたなー」と小学生たちは散り散りに帰っていく。僕は土手でひとりスーパーの袋を片手に、ぼんやり空を見ながら「就職かー」と呟く。

そんなある日、僕が家でテレビゲームをやっている横で、それを見ていた彼女が急に「ねぇ」と話しかけてくる。僕がゲームをやりながら「ん？」と聞くと、彼女は「子供できた」と言うのだ。ゲームをする手を止め、やっていたシューティングゲームは敵の攻撃を受け「バーン！」という効果音と共に画面に『GAME OVER』と表示される。そして僕は彼女の方を向き「そっか、じゃー結婚するか」と言うのである。

結婚を決めた僕は運送会社に就職し、彼女と一緒に住むことになる。こうして僕の一人暮らしは終わりを迎えるのである。

これが僕が10代の頃に思い描いていた一人暮らしだ。想像にしては夢がない。憧れていたわけではないのだが、こうなるんだろうなぁ、という予感がしていた。

今の一人暮らしはあの頃の想像とは全く違うけれど、決して悪くはなさそうだ。だが、今でもたまにこうやって、昔思い描いていた暮らしをしばらく想像してみるのである。

30歳過ぎて〝ギター弾きたい熱〟にかかる

休日、暇を持て余した昼過ぎに、僕はギターを買いに行くことにした。何でも良かったのだ。ただ、休日を何もしないで終わるのはもったいないと、その日の午前中に気付くことができたので、昼過ぎから行動してみたのだった。

元々僕はエレキギターを1本持っている。男が人生に一度はかかると言われている〝ギター弾きたい熱〟という病があるのだが、僕は7年ほど前に〝ギター弾きたい熱〟を発症してしまい、その時にまんまとギターを買ったのだった。

普通は高校、早いと中学で発症すると言われていて、文化部の男子や、部活に入っていない男子は非常にかかりやすいが、最もかかりやすいのは運動部を辞めた直後の男子だとも言われている。だが僕は、20代後半でその病を発症するという珍しいケースだった。

その時に、見た目だけを重視して買った小ぶりのエレキギターは、初心者には弾き辛く、コード弾きと呼ばれる一番基本の弾き方だけは1年程かけてなんとなくできるようになったのだが、それ以上は突き詰めずに止めてしまった。

そして月日は経ち、先日久しぶりに好きなバンドのライブに行った際、〝ギター弾きたい熱〟が再発した。30歳を過ぎてバンドのライブに行って〝ギター弾きたい熱〟にかかるなど、なかなか人に言えないくらい恥ずかしいことではある。

家に帰り、7年前に買ったギターを引っ張り出してきて、それから空いた時間に練習していたのだが、やはり小ぶりのギターはどうにも弾きにくい。だから、練習用の普通サイズのギターを、休日を使って買いに行くことにしたのだ。


楽器といえば御茶ノ水、と言われるくらい東京の御茶ノ水には楽器店が多い。買うのは練習用のギターなので、話が早い方が良いと思った僕は、御茶ノ水に向かった。

電車に乗って御茶ノ水駅に着くと、駅前から多くの楽器店が建ち並んでいる。弦楽器、管楽器、打楽器……と、様々な楽器店がある中、僕は適当に、ギターが売っていそうな駅前の通り沿いの楽器店へ入った。

御茶ノ水周辺には学校も多いためか、店内では中学生や高校生を多く見かけた。店の入り口付近には比較的安めのギターが置いてあり、中高生達はそこを物色している。いわゆる〝バンドはじめたて君〟だ。バンド結成直後か、バンド活動を始めて間もなく、今まで使っていた貰いもののギターから、本格的に自分のギターを新調しようと考えている様子の中高生である。

バンドはじめたて君達は、店の入り口付近の2〜5万円程度のギターを見ている。ギターを選ぶ時は、気になったギターを店員に言って触らせてもらうか、どういうギターなのかという説明を受けてから決めるものだ。しかし、バンドはじめたて君にそんな勇気がある訳がない。ただそこにあるギターを眺めながら、仲間のバンドはじめたて君同士で、あーでもないこーでもないと言っている。

それを見かねた店員が「良かったらギター触ったりできますんで」と、バンドはじめたて君達に話しかけるのだが、「え、あ、大丈夫です……」と無駄に拒否してしまう始末。ついには「き、今日はやめておこう……」と逃げるように楽器店を後にする。見ていると胃の上辺りがきゅーっとなるようなやりとりだ。店員には、バンドはじめたて君のことは放っておいてほしいものである。

そもそも楽器屋の店員の多くは、怖そうな空気を纏(まと)っている。元バンドマンや、趣味でバンドをやっている店員も多いので、そういう雰囲気が出てしまうのは仕方が無いのだろうが、いかつい見た目に、ぶっきらぼうな話し方だったりするので、怖くならざるを得ない。

さらに客が〝バンドはじめたて君〟だということを、奴らはすぐに見抜いているのだ。しかし、その店員の圧力に耐え切った者だけが、勝利のマイギターを手に入れられるのかもしれない。

僕は店内を一通り見た後、とりあえず3万円程のギターの1つに目星をつけた。そのギターは、見た目は老舗(しにせ)ブランドの50万円以上するギターを模したレプリカのようなギターで、中身は老舗ブランドのものと雲泥の差なのだが、僕にとってはサイズさえ普通であれば、練習用のギターなど正直どれでも良い。

早速購入しようと、近くを通った20代くらいの女性店員に声をかけようとした。その時、僕の頭に一抹の不安がよぎった。あれ？　この感じのギター買うのって、バンドはじめたて君みたいじゃないか？

それに気付くと、急に店員に話しかけるのにドキドキしてくる。3万円程度のレプリカのギターなど、ゆくゆくはモデルになっている老舗ブランドの本格的なギターを買うことに憧れる、バンドはじめたて君にピッタリではないか。自分がどんどん条件に当てはまる気がしてくる。

僕は高鳴る心臓の音を抑えながら、店員に話しかけた。「あの、えーっと……あの、あそこにあるギター……欲しいんですけど」声も小さい。すると女性店員は淡々とした口調で「あ、あのギターですね。音出してみます？」と言った。

この「音出してみます？」とは、エレキギターの音を実際にアンプに繋いで確認してみるかということだ。練習用のギターを買いにきた僕にとっては、音色などどうでも良いのだが、ここで断ってしまうと「え、あ、大丈夫です……」と言っていたあのバンドはじめたて君と同じに見られる可能性がある。僕は「まぁ、そうっすね」と、なんだかスカした感じで答えるのだった。

しかし僕もギターをそんなに弾けるわけではなく、できるのは基本のコード弾きくらいだ。それに、この店内での試し弾きというのは、とにかく恐ろしい。選んだギターを大きめのアンプに繋がれ、チューニングが終わったら「はい、どうぞ」と渡されるのである。

音量は店全体に響き渡る程の大きさに設定されていて、店に来ている客は当然ミュージシャンばかり。店員もほぼ音楽をやっている人なので、すごく腕が試されるソロライブのような時間が生まれてしまうのだ。試し弾きで、イカしたギターテクニックを見せつけているギタリストを前に何度か見かけたことがあるので、より怖気付いてしまう。

ここで僕がコード弾きで、ジャーン！　などとやろうものなら店内のオーディエンスから「おいおいおい！　コード弾きかよ！　聞いてらんねぇぜ！」と罵声を浴びせられることだろう。店員からも「お客さんよぉ、ウチは子供の来る店じゃないぜ？」「なんだよ、バンドはじめたて君じゃねぇか！」と冷やかされ、飲んでいたハイネケンの瓶をぶつけられるのである。

しかし僕は知っている。この状況を打開する魔法の言葉を。「ちょっと軽く弾いてもらってもいいですか？」と店員に言うのだ。店員も大概ギターはある程度弾けるので、自分の腕を晒すことなくギターの音が聞けるのである。

僕は20代くらいの女性店員に、その魔法の言葉を唱えた。すると店員は「いっすよ。軽めので良かったら」と言って、ギターをアンプに繋ぎ、おもむろに弾き出す。だが女性店員は、軽めのと言っておきながら強めの、技を見せつけるようなギターフレーズをギャリギャリと弾き出したのである。なんというか、カマされているのだ。

一通りギタープレイが終わり、女性店員が「どっすか？」と聞いてきた。僕は完全に竦み上がっていたが、ここでそれがバレてしまえば全てが水の泡であるため「なるほどね。こんな感じも悪くないっすね」と、またしてもスカした感じで答えるのだった。さらに店員は「音ひずませることもできますし、ローも結構出るのと、ピックアップも悪くないっすよ？」などと、訳のわからない言葉を言ってくるので、僕は「確かにね。聞いた感じそうっすよね」と、ギリギリのスカしでなんとか受け答えを成立させた。

しかし考えてみれば、そんな感じのバンドはじめたて君もいるのだ。音楽をわかっている風で、店員にスカしてしまうタイプのバンドはじめたて君も確実にいる。僕の首筋を嫌な汗が流れた。

そして僕のそんな姿を見てか、店員が「何か、他に使ってるギターあります？」と質問してきた。その質問に、どこか探られているような気がした。ただ、僕はギターは持っているのだが、1本目は無駄に高いギターを買ってしまったので、それを言えば弾ける人だと思われ「あ、じゃーちょっと弾いてみます？」と言われかねない。なので「まぁ、ありますけど。まぁ……」と濁したのだが、それはバンドはじめたて君が必死で嘘をついている様子そのものだっただろう。

限界を感じた僕は、少し間を置き、「うん。わっかりました……それにしましょう！」とマイホームを買うくらいの言い方で3万円のギターの購入を決めたのだった。

レジに行き、会計を済ませた僕は、店員からギターケースに入ったギターを受け取った。そして対応してくれた女性店員が店先まで送ってくれた際、僕の購入までの一部始終を近くで見ていた店長と思しき50代くらいの髭面のおじさんも「ありがとうございまーす」と店先まで来てくれたのだ。

僕が帰ろうと会釈をすると、髭面のおじさんは「何かわからないことがあったら、いつでもうちに来てくださいね」と言い、包み込むような微笑みを僕に向けた。これはどう考えてもバンドはじめたて君だと思われたな、と僕は確信したのだった。

3万円のギターが入った新品のギターケースを背負って歩く30代が、今日は御茶ノ水の中高生のほうに馴染んでいるかもしれない。悲しくもそう思った。

渋谷で初めて『寅さん』を観た

平日の夕方、急にぽっかり3時間程の空き時間ができてしまった。仕事が一段落して3時間後からまた仕事、といった空き時間だ。だらだらお茶するより、この3時間を有意義に使いたい気分だったので、映画を観に行くことにした。

以前1人で何処かに行くことが苦手だと書いたが、映画も例外ではない。しかし理由は少し違う。映画館は逃げられないからだ。

観に行った映画が開始15分でつまらないと感じてしまっても、チケット代は払っているし、途中で退席しては損をした気がする。しかも、映画館では映画を観る以外のことを同時にできないので、2時間程度の映画の残り1時間45分は、ただ損をしないために映像を消化する作業となってしまう。内容が定かでないもののために時間を前

払いするには、2時間は長すぎるのだ。

しかし、どんなにつまらなくても2人以上で観に行っていたなら観終わった直後から、今の映画は酷かった、という話で観た2時間を意味のあるものにできるのだが、1人ではそれもできない。つまらない映画を2時間観た挙句、消化不良でモヤモヤしながら帰るのだ。

映画館で映画を観るのは時間を賭けたギャンブルである。同じ理由で僕は演劇の舞台を観るのも苦手だ。

ただ、その日は急にぽっかり空いた3時間だ。3時間後に仕事の予定がなければ映画へは行かないのだが、限られた時間をだらだら消費してしまうよりはマシ、と考えた僕は、苦肉の策で映画を観に行くことにしたのだった。

その時間の映画を調べると、都合良く上映開始される作品はかなり限られる。中でも近くの映画館で上映している作品となると『男はつらいよ』の50周年記念映画である『男はつらいよ　お帰り 寅さん』だけであった。

『男はつらいよ』は言わずと知れた名作だが、世代的な問題で1作品も観たことがない。しかも、それが50周年記念作品の『お帰り 寅さん』だというのだからついて行けるのかが不安だ。「行ってらっしゃい」の時に居なかったのに「お帰り」の時に突然居ては、帰ってきた寅さんも「こいつは誰だ？」という話になるだろう。例えるなら、先輩の同窓会に参加するような訳のわからない行動である。

しかし映画に行くと決めた以上、こうしてまごまごしている時間が一番無駄なので、とにかく映画館に向かった。

渋谷にある小さな映画館。渋谷で〝寅さん〟というのがどうにも噛み合わないような気がする。恐らく〝トラ☆ｃｈａｎ〟だったら違和感は無いだろう。そんなことをぼんやり考えているうちに、映画館に着いた。

小さい映画館ならではの、ホームセンターで買ったような簡易的なテーブルの受付でチケットを買い、映画館に入った。客の8割はお年寄りであった。渋谷の駅近くで一番お年寄りが集まっているんじゃないかと思うくらい多い。

しかもその大半が寅さんのファンというような雰囲気である。寅さんなど好きでも嫌いでもなく〝知らない〟僕は、なんだか申し訳なく思って、一番後ろの端の方の席に座った。

明かりが落ち、まずは他の映画の予告映像がいくつか流れる。僕はこの予告映像がすごく好きだ。ワクワクするシーンが凝縮されていて、実際はイマイチな映画でも面白そうに見えてしまう。映画を観に行って、この予告映像集が2時間続き、本編が5分だったとしても僕は文句を言わないだろう。

そしてついに本編が始まった。冒頭からベージュの背広に同色のハットを被った中年が出てくる。これが寅さんだということはなんとなく知っている。音楽とともに「わたくし、生まれも育ちも東京葛飾柴又です。帝釈天で産湯を使い……」と口上を述べ、自信ありげな表情を浮かべていた。

この『男はつらいよ　お帰り 寅さん』は前作から20年以上空いていて、寅さんが出てくるシーンのほとんどが回想シーンであり、前作までの映像を使ったものだった。ただ、観ていると、この寅さんという男は毎度喧嘩をしているのだ。

頻繁に近所の人と口論になり、優しい妹を泣かせることもしばしばあったりと、かなりの暴れっぷりである。高校生の甥っ子の恋愛に口を挟み「もうちょっと積極的になって、男を見せたらどうなんだい」などと言うが、甥っ子が「おじさんこそ好きな女の人に男を見せろよ！」と、好きな女性になかなか積極的になれない寅さんに対して手痛い返しを浴びせると、寅さんは顔色を変え「なんだと？　おじさんに向かってなんて口の利き方だ！」と声を荒らげ「このやろう！」と甥っ子のことを羽交い締めにするのだ。無茶苦茶にも程がある。

大抵寅さんが誰かに対して説教する時は、自分のことは棚に上げて、というスタンスであり、自分が責められると逆上する。なんとも理不尽な大人なのだ。

よく親戚にいるようなこういうおじさんは、わかりもしないのに他の親戚の仕事に口を出したり「俺の知り合いに大きい会社の社長がいるから、そいつに言って仕事回してやるよ」などと、求めてもいない要らぬ恩を着せてくる。そのくせ正月のお年玉はポチ袋にも入れない千円で、親戚の家に突然来ては酒を飲み、酔った勢いでまた要らぬ言葉を吐き散らす。こうしてどんどん親戚中から面倒くさく思われるタイプのおじさんになっていくのだ。

しかし映画の中で寅さんの周りの人は皆、傍若無人な寅さんに対しても優しく接し、寅さんが旅から帰ってくれば「お帰り寅さん！」と温かく出迎えるのだ。その姿を見て僕は、いつまでも甘やかしてる周りのアンタらも悪いよ、と思うのだった。

面倒くさい親戚や周りの人に対して「あの人はああいう人だから」と諦めてしまうのも悪だ。面倒くさい人を正そうとすれば、より面倒くさいことになるのもわかる。だが、近しい人間がそうやって自分への被害が大きくならないようにと諦めてしまうと、面倒くさい人は自分が面倒くさい人だということに気付けず、そのまま別の場所に行って迷惑を振り撒くのだ。

それはもはや責任を放棄してしまった周りの人間のせいでもある。寅さんとは、寅さんの周りの人間が責任を押し付け合うことで出来上がっていった悲しき怪物なのだ。

さらに回想シーンで、どうやら名シーンとされている映像も流れる。寅さんの実家でメロンをみんなで切り分けて食べていると、そこに寅さんが帰って来るのだ。

寅さんは「メロン美味しいか？　じゃーお兄ちゃんもひとつ貰おうか」と言い、居間に座る。寅さんが帰って来るとは思っていなかった妹は、当然寅さんの分のメロンを残しているはずもない。気まずそうにしていると、寅さんが「俺のメロンがないって？　訳を聞こうじゃねぇか」と不機嫌になり、ついには「お前のたった1人の兄ちゃんだぞ！　勘定に入れなかったのをごめんなさいで済むと思ってるのか！」と激怒するのだ。そして最後は取っ組み合いにまで発展するという始末。

理由が理由だけに呆れざるを得ない。僕はメロンごときで怒る寅さんと、寅さんをメロンごときでも気に入らなかったら怒ってもいいと思う人間に育ててしまった周りの人間にだんだん苛ついていた。

しかし物語終盤、悩みを抱える成長した甥っ子が、ふと寅さんを思い出す。その寅さんは優しく、いつも甥っ子の相談に乗ってくれるのだった。不器用ながらも近しい人のために頑張る姿もあり、素直にはなれないが遠回しに愛や感謝を伝えることもある。甥っ子はそんな寅さんを思い、1人では抱えきれない悩みに押し潰されそうになりながら「帰ってきておくれよ、寅さん……！」と、男泣きするのだ。

その涙を見て僕はようやく理解した。そう、寅さんが迷惑をかけたり喧嘩を繰り返していても周りがそれを許していたのは、寅さんの周囲にかける愛情と、その愛情を上手く伝えることのできない不器用さを知っていたからなのだ。

その瞬間、まるで映画の中の人物のように、僕はさっきまで観ていたシーンを思い出す。旅から帰ってくる寅さんを「お帰り寅さん！」と温かく出迎える周りの人々の目は迷惑な人に向けるそれではなく、本当に帰ってきてくれて嬉しいといった目そのものだったのだ。

そして最後のシーン。マドンナと呼ばれる、寅さんと出会った歴代のヒロイン達の映像が代わる代わる流れ、全員が「寅さん！」と呼びながら優しい笑顔を向けるのだ。

あぁ、この人は愛されていたんだなぁ。そう思うと涙が溢れた。今日出会ったばかりのおじさんだが、そのおじさんに苛立ち、しかし人の温かみを感じていた。これこそが寅さんなのだ。そして泣きながら寅さんの周りの人と同じように「帰ってきておくれよ、寅さん……！」と心の中で叫ぶのだった。

エンドロールが流れ、涙を拭い、映画が終わると、僕の左隣に座っていた70歳くらいのお婆さんが目を擦る僕に気付いた。比較的若い人が『男はつらいよ』を観にきているのが珍しかったのだろう。お婆さんは微笑みながら、僕に「寅さん好きなの？」と聞いた。僕はそのお婆さんの方を見て「はい！」と答えた。

暗闇ボクシングの真相

ここ何年も運動という運動をしていない。高校生までずっとサッカーをやっていたので、やめて10年以上経つ今でも、その頃の筋肉や運動神経の貯金が残っている気がしていた。しかし現実はそんな貯金などとうの昔に使い果たし、オケラのくせに態度だけは金持ち気取りの没落貴族と化していたのだ。

筋肉が衰えたため首や腰に負担がかかり頻繁に痛くなることが続いていたので、一度病院へ行ってみると、やはり「定期的な運動をした方がいい」ということらしい。この「定期的な運動」というのは意外と難しい。

よくあるマラソンやウォーキングといった自発的な運動は、誰の監視下にも置かれずにやるのが基本なので、確固たる継続の意志を持っているか、それ以外に何もやる

ことがない限りは続かない。スポーツジムに入会してトレーニング器具で定期的に運動をするというのも同様の理由でかなり難しい。そうなると、どこかのスポーツ教室のように監視する教官がいて、定期的に行かないと気まずい、という枷を自分に与えるのが良いのではないかと考えていた。

先日、友達との会話の流れでこの話題になった。僕が「何か運動してる？」と聞くと、その友達は「やってるよ。暗闇ボクシング」と言った。

暗闇ボクシング？　全く聞いたことがない。なんだその狂気を含んだ響きは。呪われた一族に伝わる暗殺術かなにかだろうか。

その時、僕が訝しげな顔をしていたのか、友達は「あー、暗闇の中でボクシングをやるやつ」と付け加えた。

暗闇の中でボクシング？　どういうことだ。対戦相手が見えないじゃないか。音や気配だけで相手を察知してパンチするのか。続けていれば五感は研ぎ澄まされそうだが。

しかし対戦相手の気配を感じてパンチしたなら良いものの、もしレフリーを殴ってしまっていては大変だ。そのまま気付かずレフリーをノックアウトしてしまった場合、反則負けになるのだろうか。暗闇でボクシングをやらせておいて、それで反則負けにさせられてはたまらない。

そう考えると、もしかしたらレフリーだけは暗視スコープのようなものをつけているのかもしれない。レフリーだけが暗闇の中でも見えているリングで、2人のボクサーが戦っている。奇天烈な格闘技だ。

観客はどうだ。携帯電話の明かりで照らすこともできないので、恐らくリング上のボクサーは見えない。シューズがキュッと擦れる音や、たまーに当たるパンチの音で楽しむのだろうか。それはもはやボクシングの試合を観に行き過ぎて、普通のボクシングの試合に飽きている人向けじゃないのか。セコンドの丹下段平も「打ってる？打ってるのか？　ジョー」と言うことだろう。

解説者の仕事も難しく、音だけを聞いての実況も容易ではない。しかも、会場が暗闇なので映像は映せず、ラジオのようなもので音声だけの中継になるのだろう。昔かよ。暗闇の中でボクシングをすることにおいての疑問は尽きない。

するとさらに友達は「サンドバッグをさ、暗闇の中で殴るのがいいんだよ」と言う。そうか、ボクシングジムに通うと言っても健康のために通っている人は、トレーニングを中心に行うことも多い。試合などはしないのだ。

　それにしても暗闇の中でサンドバッグを見失ったりはしないのだろうか。というか、ボクシングジムのどこからが暗闇なのだろうか。それによってはサンドバッグまで辿り着けない可能性がある。サンドバッグのありそうな場所まで手探りで歩いてみて、とりあえずこの辺りかな？　と思う場所を殴ってみるのか。サンドバッグの場所を見つけることに慣れるまで何日もかかりそうだ。

　しかし実際に行ってみたら、ジムの受け付けからすでに暗闇の可能性もある。まず「すいませーん」と言ってみて「こちらへどうぞー」というような声のする方向が受け付けのカウンターだろう。そこで入会したいという旨を伝えれば、入会書を渡されるはずだ。暗闇の中で入会書を書くのは至難の業だが、とりあえず適当な場所に名前と電話番号と入会の動機などを書いて提出すれば、ジムの人もどこに何を書いたかは見えないはずなので問題なさそうだ。

　だが、入会金を支払う時が厄介で「入会金、ン千円になります」と言われて払っても、払ったお札が何円札なのかがわからない。「一万円からお願いします」と言って一万円札を渡しても「これ、本当に一万円札ですか～？　千円札なんじゃないんですか～？」と疑われることだろう。暗闇受け付けでの金銭トラブルは必至である。暗闇ボクシングを始めるまでの道のりは長いのだ。

そもそも、なぜボクシングを暗闇の中でやるのだろう。暗闇の中にいると視界が無い分、見えるものに気を取られず、集中して自分と向き合えるということなのだろうか。

そんなストイックな精神でボクシングをやっているのなら、暗闇ボクシングの試合に出ろよ。なんで自分を高めておいて練習止まりなんだよ。ストイックなのか意識が低いのか、どっちなんだよ。

そんなことを思ったので、友達に「なんでわざわざ暗闇でボクシングやんの？」と聞いてみた。すると友達は「暗闇の中だと周りが気にならないから、集中して自分と向き合えるんだよ」と言った。

暗闇ボクシングの試合に出ろよ。お前ならできるよ。構えたミットのど真ん中に寸分違(たが)わずパンチが飛んできた。しかし友達は、僕がどうやら何かを勘違いしていると察したのだろう。とどめの一言を言い放った。

「暗闇って言っても薄暗い程度で、クラブみたいにライトアップされたジムで音楽かけながら、リズムに合わせてサンドバッグに打ち込むんだよ」

おいおいおい、とんだパーリーピーポーじゃねぇか。さっきまでの、自分と向き合って肉体と精神を高めていたストイックなお前はどうしたんだよ。まるで真逆の人間になっちまったじゃねぇか。

僕は幻滅した。清楚で純朴そうな、メガネをかけていて地味だけど顔は整っているクラスの女子が、プライベートでチャラついた一軍男子たちと遊んでいるのを見かけたような気分だ。

聞くところによると、暗闇ボクシングとは新手のエクササイズのようで、巷で今流行りのスポーツトレーニングらしい。友達は週に1、2回そこに通っては軽く汗を流していることだった。

不意に得た興味を一瞬で削がれることがある。僕は友達に暗闇ボクシングを一緒にやってみないかと誘われたが、断った。

運動はしようと思っている。もし僕の想像の方の暗闇ボクシングを見つけたら入会するかもしれない。

団地の思い出とマサシのこと

子供の頃、団地に住んでいた。かなり広い敷地に住棟が何十と立ち並ぶ一角。元々アパートに住んでいたのだが、幼稚園の頃に引っ越してきたのだ。

僕の家は最上階である5階だった。毎日5階までの階段の上り下りが大変で、特に上りはかなりきつい。なので2階まで上った時点で、まだ1階だ、と思うようにし、4階まで上ったからあと1つ！　と思った時にはもう5階、というセルフミニサプライズをよくやっていた。

団地には独特のコミュニティがあり、同級生の中でも、団地に住んでいる友達には不思議と親近感を覚えていたし、普段学校で上級生や下級生とは遊んでいなかったのだが、団地に住んでいる子供の中でだけは交流があった。

1つ年上のマサシという上級生とは、小学3年生の頃によく遊んでいた。マサシとなぜ仲良くなったのかはよく覚えていない。団地内の公園で遊んでいたからなのか、いつの間にか仲が良くなっていた。

少し離れた棟の1階にマサシは住んでいた。この団地の1階というのは、僕の中で、何故か湿気の多い、じめっとした陰気な印象があり、僕は子供ながらに団地の1階だけは下に見ていたので、マサシの家も潜在意識の中では見下していたように思う。とはいえ、マサシは兄貴分的な振る舞いをする子で、僕も慕っていた。

マサシは少し悪ガキで、ある日、家からライターを持ち出してきて、その辺の枯れ葉を1枚燃やしてみせた。僕はかなり悪いことをしているような気がして怖気付いていたが、マサシは「もっと色んなもの燃やしてみよう」と言い、木の枝や落ちていた紙屑などを集めて、団地の駐輪場の屋根の上へ横の木に登って乗り移り、そこでチリチリとそれらを燃やし出した。僕も駐輪場の屋根に登り、恐る恐る近づいてそれを見ていると、悪いことをしているという意識の中にもどこか高揚するものがあった。

しかし火が完全に枝に移らず、くすぶっているところに、後ろから「何やってんの!」という怒鳴り声が聞こえた。見ると駐輪場の下に僕の母親がいたのだ。母親は僕らの動揺を見るなり「ちょっと降りて来なさい！」と呼びつけ、マサシの拳を無理やり開き、手の中に握り込んでいるライターを見つけた。それと同時に僕ら2人に鉄拳制裁を喰らわすのだった。

僕は脳天の痛みに泣き喚きながらも、良かった、という気持ちになっていた。僕には枝を燃やすマサシを止めることはできず、その場から立ち去ることもできないので、このままどんどんマサシの燃やすものがエスカレートしていったらどうなってしまうんだろう、という恐怖があったからだ。誰か大人が見つけてくれないか、という気持ちが少なからずあった中で、僕の母親に見つかったのは一番良かったのかもしれない。

マサシと遊ぶ時はテレビゲームなどはせず、とにかく団地の中を探索していた。団地には診療所があり、その裏のブロック塀にどうにかよじ登り、塀を伝うと公民館の屋上に上がることができる。その公民館の屋上の奥の方へ進むと、隣のマンションの壁の足場に飛び移ることができ、そこを慎重に進んでいけば、マンションの屋上に行けるのだ。

この屋上は結構開けていて、遊ぶにはちょうどいいのだが、マンションの入り口からは絶対に進入できないようになっているので、このルートでしかたどり着けない。マサシがこのルートの情報を団地の友達から入手して教えてくれたのだった。

マンションの屋上にはそこを知っている団地の子供が置いていった漫画本やら遊び道具があり、僕は何年か住んでいても知らない場所があったことが楽しくて、その後しばらく毎日のようにそこへ行って遊んでいた。

ある日、団地の草むらでマサシを見かけた。声をかけると、いつもなら「どっか行くか」などと言って一緒に遊ぶことになるのだが、その日は何やら雰囲気が違う。話を聞いてみると「今日は約束があるんだよ」と言う。しかし、それでも僕が遊びたそうにしていたのか、マサシは「お前も一緒に行くか？」と僕を誘った。

よくわからないままマサシについて行くと、草むらの奥の方にマサシより上級生の男の子がいた。そして、マサシは会うなりその上級生にペコペコしている。

上級生は僕に気付き「そいつ誰？」とマサシに尋ねた。マサシは「いや、ちょっと仲良くしてるやつで……」と歯切れが悪い。その様子がいつもの兄貴分のマサシとは違っていた。

上級生が僕に「じゃーしょうがねぇか、お前も仲間に入れてやるよ。行くぞー」と言うので、相変わらずよくわからないままだったが一緒について行くことにした。目的地に向かう途中、マサシが僕に「俺の友達ってことで仲良くしてもらってんだから、ちゃんとしろよな」と注意した。マサシの顔には若干の緊張感があり、なんだか僕はその時のマサシが小さく見えたのだった。

上級生は団地の近くにある小さいスーパーまで行くとその中へ入っていき、お菓子コーナーの入り口で止まった。すると僕に「お前ちょっとここに立って誰か来ないか見てて。誰か来たら教えて」と言った。僕は言われた通りにすることにした。マサシは「じゃー俺、逆側見てるから」と僕とは逆の入り口に向かった。僕はマサシに「ちゃんとしろよな」と注意されていたこともあり、一生懸命誰か来ないか周りを見ていた。

誰も来ないまましばらく経つと、上級生が「もういいぞ」と僕に言い、3人でスーパーを出た。そして近くの大きい駐車場まで行くと車の陰で「ほら、これやるよ」と上級生が僕にチョコレートをくれたのだ。僕は突然新品のチョコレートを貰えたので、嬉しくてお礼を言ってそれを食べた。

少し大人になってから気付いたのだが、きっとあれは万引きしたチョコレートだったんじゃないだろうか。小学3年生の僕には〝スーパーでお金を払わずに物を持ち出す〟という考え自体が全くなかったので、想像すらしないことだった。

マサシはその時、美味しそうにチョコレートを食べる僕を見て罪悪感を覚えたのか、それから一度も僕をその上級生に会わせることはなかった。

マサシと遊ばなくなったきっかけは鮮明に覚えている。僕の家にビーズで装飾されたウサギのティッシュカバーがあったのだが、マサシが家に来た時に、持っていた自前のおもちゃのナイフで、そのウサギの目に縫い付けられたビーズをえぐり取ったのだ。それを発見した僕の母親は激怒し「出ていきなさい！」と、マサシを家から追い出した。その時になぜか僕も母親と一緒になって「出てけよ！」とマサシを非難したのだ。そしてマサシはばつが悪そうに玄関を出て、とぼとぼと団地の階段を下りていったのだった。

それ以降、マサシと遊ぶことはなくなった。しばらく経って知ったのだが、その後程なくして、マサシは団地から引っ越して転校したらしい。

中学1年生の頃、僕の家もマンションに引っ越した。引っ越してみると、やはり団地に住んでいた頃とは近所との付き合い方が変わった気がする。大人になった今でも、たまに団地のあの不思議な交友関係を思い出し、懐かしくなるのである。

日本人のプチョヘンザについて考えてみたら

昔からなんとなく続けているものというのは、向き合ってちゃんと考えてみると、実はもう意味が無くなっていたり、破綻していたりする。しかし、考えようともせず、なんとなく続けてしまっている人が大勢いるので、無意味でも無くならないのだ。

音楽は人並みに好きで、好きなアーティストの曲をプレーヤーに入れて通勤時に聴いている。聴くのは邦楽で、洋楽はほとんど聴かない。

洋楽を聴かない理由としては、英語がわからないからだ。そのアーティストが作る曲がどんなに良かったとしても、歌詞がわからないので好きになれない。

例えばかっこいいと思っている英詞の曲があったとしても、歌詞を和訳すると「さ

つまいもホクホク〜！」かもしれないのだ。歌詞が「さつまいもホクホク〜！」かもしれない曲を「この曲最高にかっこいいんだぜ！」と人に言えるだろうか。すごく可愛いと思っている曲の歌詞が「お前の彼氏にいい女をあてがってやるよ〜」かもしれないというのに、友達に勧められないだろう。

たとえ歌詞を和訳できたとしても、日本語にするとその国独特の細かいニュアンスまでは伝わらないので、どうにもハマれない。それに高校の頃、歌詞の意味をすっ飛ばして「洋楽いいよ！」と言って勧めてくる友達に対して、日本人が昔から持っている、漠然とした「アメリカかっこいい！」という憧れと同じ印象を抱いていたのだが、それが今も続いている。

ライブは本当に好きなアーティストのワンマンライブにしか行かないので、対バンライブや音楽フェスへは基本、足を運ばない。そのくせ、自宅でアーティストのライブ映像を観るのは好きという在宅系である。

しかし、音楽ライブの映像を観ていて僕は違和感を抱くことが1つある。それはアーティストがライブで度々使う「put your hands up!」という言葉だ。カタカナで「プチョヘンザ」などと表記されることがある。「両手を挙げろ！」という意味で、アーティストが観客を煽って盛り上げる時に使う言葉だ。

僕はライブ中に聞くこの言葉に引っかかるところがあるのだ。

本来プチョヘンザの意味でもあるライブ中に観客が手を挙げる行為というのは、曲を聴いて「この曲すごくいい！　最高だ！」と気持ちが高ぶり「この気持ちをどうすればいいんだ！」という自分を解放しきれない気持ちが積み重なっていって、それが最高潮に達した時「あーもう！　……プチョヘンザ!!」と爆発し、手を突き上げる。これが正しいプチョヘンザのはずだ。

なので、アーティスト側から「プチョヘンザ！」と煽るのは「高ぶってやる行為をみんなでやろうぜ！」「疑似高ぶりをしようぜ！」という意味に等しい気がするのである。

プチョヘンザというのはアーティストが観客を盛り上げてくれれば自然と行われる。アーティストが要求して観客がその通りにやった〝疑似高ぶり〟は、誰にアピールする行為だと言うのだ。

本当ならば、観客はアーティストに「プチョヘンザ！」と言われたら「いや、お前が手挙げさせてみろ！」と返していいはずである。辛辣なようにも思えるが、アーティスト側はそう言われたら「そうか！　まだそんな高ぶってないんだな！　じゃーもっと高ぶらせてプチョヘンザさせてやるよ！」と言って次の曲に行けばいいのだ。

お笑い芸人が舞台に出て「今からみんなで笑いましょう！」とは言わないだろう。なぜなら観客に「こっちは金払って観にきてるんだ！　笑わせてみろ！」と言われる可能性があるからだ。アーティストがそんな行為を恥ずかしげもなくやっていることに、僕は違和感を覚える。

さらには、プチョヘンザというのは気持ちが最高潮に達した後やってしまう行為だが、その行為が必ずしも〝両手を挙げる〟というものではない人もいるだろう。高ぶったから手を挙げよう、と思っている時点でプチョヘンザではない。

プチョヘンザは〝両手を挙げる〟という意味であるものの、そこから離れ、各々のプチョヘンザが存在するはずだ。人から引かれてしまうような変な動きになってしまってもいいし、奇声を発してしまってもいい。アイドルのライブで、曲中に客席の端で謎の奇妙な動きで乗っているおじさんがいることがある。そういう、高ぶった末に人目も憚（はばか）らずやってしまっている行為、それこそが真のプチョヘンザなのだ。

僕のプチョヘンザも〝両手を挙げる〟ではない。僕の場合おそらく〝床に突っ伏して頭を抱えながら足をバタバタさせる〟だ。好きな子からメールが来た時にベッドの上でやるアレである。もしくは〝顔を両手のひらで覆って床をゴロゴロ転げ回る〟かもしれない。

そもそも〝両手を挙げる〟というプチョヘンザは日本人に合っているのだろうか。高ぶった時に手を突き上げるというのは日本人が自然にする行為なのかと考えたら、歌詞のわからない洋楽をかっこいいと言うのと同様、漠然とした海外への憧れからやっている行為に見える。

もし、日本人に染みついているプチョヘンザで一番しっくりくるものがあるとすれば、ライブ中高ぶって高ぶって、高ぶりが最高潮に達した時、抑えきれない気持ちとともに発せられる「よっ！」ではないだろうか。「よっ！　ビートルズッ！」「よっ！レッド・ホット・チリ・ペッパーズ！」というのが日本人の自然なプチョヘンザだと思うのだ。

ただそんなことを考える僕も、実際好きなアーティストのライブへ行った時は他の観客と同じように、手を突き上げたり振ったりしているのだ。

しかし、それは決して高ぶった最高潮の後にやってしまっている行為ではない。手を突き上げるときに、手を挙げよう、という意識が確実にある。

ではなぜやるのかと言うと、ライブで曲を聴けば楽しいし高ぶっていない訳ではないので、手を突き上げることによって、アーティストがそれを見た時に「あ、楽しんでくれてるじゃん！」と気付き、アーティスト側にもこのライブを楽しんでもらいたいからなのだ。

そしてアーティストも高ぶることでより良いパフォーマンスができ、結果的に僕もそれを聴ける。そんな空間になってくれたらいいな、と思ってやるプチョヘンザなのだ。

自分を思い返してそう気付いた時、ライブには〝思いやりのプチョヘンザ〟というものがあることがわかった。

海外アーティストが日本に来る音楽フェス。客席には歌詞の意味がわかっていない観客や、ＭＣでアーティストが喋っている外国語が全くわからない日本人の観客もいる。

しかし彼らも曲中に手を突き上げたり、アーティストのＭＣを聞いて頷いたり拍手したりするのだ。それは、海外アーティストがせっかく日本に来てくれたのだから、日本でのライブを楽しんでもらいたい、という気持ちからくる〝おもてなしのプチョヘンザ〟なのかもしれない。

昔からなんとなく続けているものというのは、実はもう意味が無くなっていたり、破綻していたりすることがある。だが、それとは別に新しい意味が生まれていて、それでちゃんと成り立っていたりする。音楽ライブを考えることによって、僕はそんなことに気付いた。

誕生日プレゼントにもらったVRの機械

自分の誕生日というものがあまり得意ではない。祝われるのが嫌いというわけではないのだが、いざ祝われた時に、僕が喜ぶ様子を相手は楽しみにしているんだろうな、ということばかり考えてしまい「さぁさぁ、喜んでるところ見せてくれよ」という一種の強迫観念のようにさえ感じてしまうので、もう純粋には喜べない。

人が自分のことをどう思っているか、という自意識が高い考え方があまり好きではないが、自分の誕生日ともなれば、考えが自意識に基づくことは避けられない。

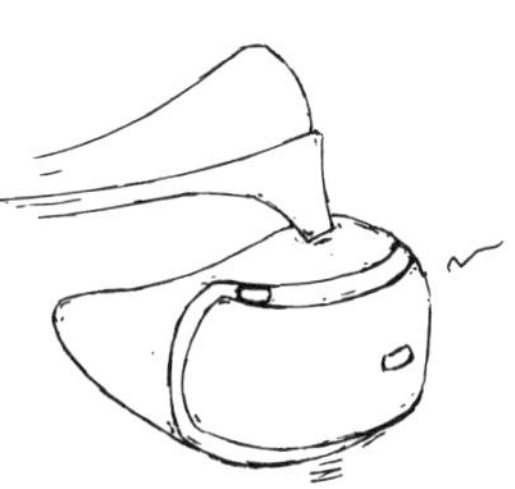

少し前に、僕の誕生日があった。特別なことはせず、いつもと同じように過ごしていたのだが、夜友達と飲みに行った際「誕生日だからこれあげるよ」と、大きい紙袋

を渡してきたのだ。

正直、僕の誕生日など知らないと思っていた友達なので驚いたが、直後、喜びを求められているのではないか、ということが頭をよぎり「え？　本当⁉　いや〜ありがとう！」などと、大きめのリアクションをとることに全力を注いだ。

そしてここからが問題だ。誕生日プレゼントの中身が何なのかということである。もちろんどんなプレゼントであろうが喜ぶ準備はできている。家族や、僕のことを本当によく知る人以外からのプレゼントなど、しょうもない物か趣味に合わない物、良くても極めて無難な物というのが関の山で、そもそも期待していない。

だが、呆れるほど酷いプレゼントや、とにかく自分の趣味を押し付けるようなプレゼントだった場合、喜びのリアクションの中にも若干の嫌悪感や怒りが含まれてしまい、漫画の表情で言うと、目は笑っているのにこめかみに怒りのマークと「ピキッ」という描き文字が入るような顔になってしまうのだ。

それを想定しつつ、僕は大きい紙袋から包装された箱を取り出した。この〝大きい〟というところがまた怪しい。大きいプレゼントにろくなものはないからだ。僕は恐る恐る包装紙を取り去った。

中身はなんと、ＶＲ（仮想現実）が家で体験できる機械だった。その時、僕は本当に驚いていた。このＶＲが家でできる機械は、前から欲しいと思っていたものだったからだ。欲しかったものがもらえた驚きもあるが、本当に僕が欲しいものをくれる友達がいるんだという驚きがとにかく大きかった。

「欲しかったんだよ！　すごい！　ありがとう！」と喜びの意を伝えた。僕も自然と喜べるものだ。この友達はセンスがある。僕は、心の友達リストのこの友達の欄に〝センスがあるスタンプ〟を、ぎゅっと強めに押した。

その夜、僕は帰って早速ＶＲを体験しようと、機械を箱から出して配線を繋いだ。そしてまずは、この機械と一緒についてくるいくつかのＶＲ体験ができる初心者用ソフトをやってみようと思い、ＶＲゴーグルを頭に装着し、ソフトを起動した。ソフトの中には、海の中でダイビングができるものや、すごいスピードのレーシングカーに乗れるもの、そして宇宙空間に行って宇宙を探索できるものなどがあった。

ＶＲはとても素晴らしい。３６０度どこを向いてもその世界が広がっていて、本当にそこにいるような没入感がある。海の中では綺麗に水中が見渡せ、ものすごいスピードのレーシングカーに乗っている疾走感とクラッシュの恐怖感もあり、宇宙空間で浮遊している感覚も味わえるのだ。これは一度体験してみてほしい。

と、こんなＶＲ体験記を書いたり話したりしたいのだが、ＶＲが世の中に出回り始めたのは７、８年前。ＶＲでこんなことができ、没入感があることなど、もはや多くの人が知っていて体験したこともあるだろう。でも自宅で気軽に体験できるＶＲの機械が僕は欲しかったのだ。

欲しい欲しい、とは思っていたが、買いあぐねていたところにプレゼントされたので、嬉しいことには変わりない。ただ世の中的に、手に入れるのが少し遅かったのである。

ＶＲの機械を手に入れたらわかるのだが、自宅で最初体験したときに「こんな素晴らしいものが自宅にあるなんて！」という高揚感がある。だが手に入れるのが遅かったせいで、話の鮮度が落ちていて、誰に話しても反応が良くない。

なので今、初心者用の体験ソフトをつけるのであれば、海中やレーシングカー、宇宙空間といったありきたりなＶＲ体験ができるものではなく、いろんな人が代わる代わる僕の元へ来て「え？　ＶＲ買ったの⁉　マジかよ！　スッゲー！」「どんな感じだった⁉　本当にＶＲの世界にいる感じするの⁉」「頼むよ、俺にも１回体験させてくれよー！」と、前のめりで羨ましがってくれる、という映像が見られるソフトを付けてほしいのだ。

シチュエーションはいろんな場所があってもいい。学校の教室、会社の休憩室、居酒屋、どの場面でも僕が「ちょっと……実は最近VRの機械買っちゃってさ」と話すと、クラスメイトや同僚や友人が「本当かよ⁉　いいなぁ！」「家にVRあるってマジ凄いな！」「羨ましいわー！　友達にVR持ってるやつがいるなんて俺も鼻が高いよ！」と羨ましがる映像だ。

クラスメイトは「今度お前の家でVR体験会やってくれよ！」と言い、同僚からは「VR持ってるって思うとカッコ良く見えてくるわ！」などと言われ、居酒屋の店長が「お兄ちゃんVR買ったんだって？　よし、お祝いに今日は俺からみんなに1杯ずつ奢りだ！」と言って酒が振る舞われる。そんな、もう現実では起こり得ない体験をVRでさせてほしいのである。

そして後日、その人らと僕の家でVR体験会をすることになり、家に集まって一緒に夕飯などを食べた後、僕が「それではお待たせしました。これからVR体験会を始めたいと思いまぁーす！」と言うと「待ってましたー‼」と大盛り上がり。友人や同僚が1人1人ゴーグルをつけ「うわ！　スッゲー！」「ビックリした！　本当に目の前にいるのかと思った！」「ちょっと待って！　落ちる落ちるー！」と、とにかく僕の買ったVRを楽しんでくれているという映像をVRで見たい。

ちゃんと自分の元にVRゴーグルが返ってきた時には、VRゴーグルに人の額の脂が付いていて、買ったばかりなのに、と思いながら、それをティッシュで拭うというリアリティがあってもいい。

さらに別の日、女の子に「VR買ったんだけど、ウチ来ない?」などと、誘いのメールを入れると「本当!? VR買ったんだ! いいな! いくいくー!」と、感触のいい返事が来て、部屋を片付けながら待っていると、ピンポーン! とベルが鳴り、自宅に女の子が来る。

「VR体験ができるなんて夢みたいだよー!」と言う女の子に、やり方を教えてあげながらVRゴーグルを着けてあげて「すごーい! 本当に海の中にいるみたーい!」と、喜ぶ様子を見る。

そして一通りVRを体験した女の子がVRゴーグルを外し「すっごい楽しかった! ありがとね!」と言った後、ちょっとした沈黙があり、女の子の「じゃーそろそろ帰るね!」の一言で、帰り支度を始め「またねー!」と帰っていく。

いや、何もないんかい! と思いながら1人でVRの機械を片す、という妙にリアリティのある体験ができる映像も付けてもらいたいものだ。

誕生日にＶＲの機械を貰って、どこか満たされない感覚を味わった。その後、僕はＶＲのソフトをいくつか買って楽しんだ。

今、自宅にあるＶＲの機械は数ヶ月起動していない。どうやら僕も、ＶＲの機械を買った友達に対して、薄い反応を示す側になったようである。

セルフ・ラブ・ヨガ教室での出来事

しばらく運動をしていないせいで、最近首や腰が痛くなるということが多かった。早急に何かに手を付けなければいけないのだが、以前友達に誘われた〝暗闇ボクシング〟という暗闇の中でノリのいいクラブミュージックをかけながらボクシングをするというジムは、僕の中の大事な何かが失われる気がして脊髄反射で断ってしまったのだ。

自分でスポーツ教室のようなものを見つけなければならないので家の周辺を調べてみると、最初にボクシングジムや道場が出てきた。しかし運動しようと思い立って調べ始めたものの、そこまで激しい運動をしたくはない。面倒臭いことを言っているのはわかる。好きな男子と仲良くなりたくて友達に相談したはいいが、あからさまにく

っつけようとはしないでほしい、と強く説明しているようだ。

運動はしたいけどクタクタになりたくはない。そして家の周辺にある教室。この条件によって、必然的にある教室が導き出された。

だがそれは、なんというか、あまり気が乗らないのだ。以前から頭の端に浮かんではいたが、これだけは行くまいと気付かないようにしていた。自分の中の大事な何かが失われる系統に片足を突っ込むことになる気もする。

その僕が避けていた教室というのは、ヨガ教室だ。

僕は誰かから「ヨガ教室へ通っている」と聞くだけで、その人から自分への意識が高い印象を受ける。そしてヨガ教室とは、旦那が稼いでいるのでお手伝いさんかルンバに昼間、家の掃除を任せている主婦と、パトロンがいて綺麗なマンションにトイプードルと共に住まわせてもらっている女子の巣窟のイメージなのだ。その果てに、ヨガインストラクターになることで「私も何かしている！」という仮初めの達成感を得るのである。いずれにせよ〝自分の美〟へ意識が回るほど余裕のある生活を送っている印象だ。

だが、運動できる場所を調べているうちに、消去法で導き出されるのはヨガ教室であった。こうして消去法でヨガ教室に通っている人もいるかもしれないと思うと、印象が変わってくる。世の中には〝消去法のヨガ〟というものが存在するのだ。〝消去法のヨガ〟をするためにヨガ教室に通っている主婦や独身女子もいる。しかし、先に挙げた人種も確実に存在しているが。

こうして考えていると頭の中のヨガ教室で終わってしまうと思い、インターネットでホームページにアクセスした。するとスケジュールが出てきたのだが、そのヨガ教室の中にも曜日と時間によって色々授業があるらしい。『リフレッシュ・ヨガ』『アロマ・ヨガ』『骨盤矯正ヨガ』など、授業によってもそれぞれ講師が違うようだ。

こぢんまりした教室らしく、生徒の定員は1つの授業につき4名、初心者コースのようなものはなかった。自分の予定と照らし合わせ、行ける授業を探してみると、その週で自分の予定と合う授業を1つだけ見つけた。そこには『セルフ・ラブ・ヨガ』と書いてあった。

セルフラブヨガ。直訳すると〝自分を愛するヨガ〟。ヨガという重い扉を初めて押し開けようというのに、その奥の隠し扉まで一緒に開けてしまうような気がした。

しかし、ここで思い止まっては今後何も進まなくなるのを僕は知っている。『セルフ・ラブ・ヨガ』の文字をクリックし、セルフラブのことは深く考えないようにしながら、薄目で会員登録と予約を済ませた。

ヨガ教室のことを考えると心がざわつくので、予約したことは忘れたフリをしながら生活していると、ついに教室に行く日の前日となったので、その夜から用意するものを考え出した。

インターネットで調べると、まずヨガをする時に床に敷くヨガマットかバスタオルが必要らしい。ヨガマットなどもちろん無い。バスタオルを持って行こうと思って洗面所に行くと、普段使っている茶色のワッフル地のバスタオルが積まれている。

しかしいつものバスタオルのはずなのだが、ヨガ教室に持っていくという目で見た時、それが非常に生活感があってみすぼらしいタオルに思えた。気に入って使っていた吸水性と値段のバランスが最高のバスタオルが、使用感も目につき、なんでこんなダサい茶色のタオルを買ってしまったんだろう、という気にさえさせたのだ。「家で普段使っているバスタオルを持ってきたんだ」と、他の生徒に思われそうで嫌になり、持っていくことを躊躇していると、そうだ！　と思い出した。

前に人からもらった黒いバスタオルがクローゼットにしまってある。クローゼットを開けて探してみると、黒いフワッとした割と綺麗なバスタオルが出てきた。このバスタオルは吸水性が悪く、茶色のバスタオルの中に1つだけあると目立つので、クローゼットにしまっておいたのだ。これなら使用感も無くて良い。黒というのもオシャレな気がしなくもない。バスタオルはそれにすることにした。

次に動きやすい格好と書いてある。下は黒地に白のラインの入ったジャージがあったのでそれを用意した。

上はTシャツで良いのだが、無地の白いTシャツを出した時にふと、下がジャージで上が無地のTシャツでは部屋着っぽく見えてしまうんじゃないか、と思った。せっかく黒のバスタオルで生活感を排除したのに、無地のTシャツで一気に人の家のにおいがしてしまう。僕は無地のTシャツを戻した。

他のTシャツを探していると、ずいぶん着ていなかった、白地にThe Beatlesの曲のタイトルである「All You Need Is Love」と書かれたTシャツが出てきた。これで良いじゃないか。みんな大好きビートルズ。「All You Need Is Love」も直訳すれば「愛こそはすべて」だ。これを見たヨガ教室の面々も「この人は優しい人なんだ」と思って警戒を解くだろう。

これで準備は整った。初心者にしては我ながら完璧なヨガセットだ。着替えとタオルを畳み、トートバッグに入れ、翌日に備えてその日は早めに寝た。

次の日、ホームページに予約の10分前には来るように書いてあったので、15分前に着くように教室のある住所へと向かった。着くと、そこは閑散とした古めの雑居ビルで、人の気配が無い。このビルの4階のようだ。

3人も乗れば満員になりそうな、狭いエレベーターのボタンを押して4階に着いた。エレベーターを降りて目の前の鉄の扉を見ると、小さくヨガ教室の名前が貼ってある。ここらしい。僕は恐る恐る扉を開けた。だが、その部屋の中を見て僕は驚いた。

横長の部屋、奥はすべて鏡張りになっている。その鏡の前の中央に太いロウソクがサークル状に立っており、その中心で女の人があぐらをかいて座っている。そして手の平を上に向け両膝に置いて目を瞑っているのだ。僕は自分でも聞いたことのない言葉を、頭の中で発していた。

「ヨガ度が高い……」。思い描いていた以上にヨガだ。なんかもうちょっとエクササイズ的なノリの講師が「こんにちわ〜！　あ、初めての方ですね？　ありがとうございます〜！」と、グイグイ来る雰囲気をイメージしてしまっていた。

僕が早く着いたので他の生徒はまだ来ておらず、未だにロウソクの中心で目を瞑っている講師らしきその人物と2人の空間だ。宇宙にいるようだった。

こちらに気付いてもらえないので、僕は靴を脱いでゆっくりとサークル状のロウソクの方へ歩いていき、見た目30歳くらいのその講師らしき女の人に「すいません……」と、声をかけた。するとその女の人が、ゆっくりと5秒くらいかけて目を開けた。そのまま黙ってこちらを見ている。僕は沈黙に耐えかねて「あ、あの、初めてきたんですけど……」と、少し気持ち悪めにヘラヘラしてしまいながら言った。

女の人は「そうでしたか」と言い、すっと腰を上げた。そしてカウンターへ行き「まずはこれを書いてください」と僕に入会書を渡した。どうやら講師で間違いないらしい。

僕が入会書を書き上げると「料金コースはどうなさいますか？　今日1日分の料金か、6回分の回数券か、月額で通い放題のコースか」と尋ねた。正直1回分のコースでいいのだが、1回分を選んでしまうと「今日のレッスン次第では二度と来ないからな？」という意味を含んでしまいそうで、教室が始まる前にそれを選ぶことが憚られる。かと言って月額コースを選ぶほど通えるかどうかはわからない。僕は中間をとって6回分の回数券を購入した。

そうしているうちにゾロゾロと他の生徒達も集まってくる。僕以外には3人いて、3人とも40代か50代ぐらいの女の人だった。僕も急いで持ってきた服に着替え、ヨガ教室が始まった。

講師の女の人はゆっくりとサークル状のロウソクの方へ戻っていき、中心に座った。そして「それでは、皆さんも、あぐらをかいて座り、手は楽な場所へ、そして目を瞑って下さい」と、穏やかな口調で促した。

言われた体勢になると、講師は「それでは、今日のこの時間、それはあなたが、あなたの為に作ってあげた時間です。この教室に来ようと思った、その心が、あなたがあなたを思ってあげたということなのです」と、脳に直接語りかけるかのようなトーンで話す。続けて講師は「それは、すなわち、自分が、自分を愛してあげたということなのです」と言うのだ。

僕はその時、セルフラブヨガだ！　という心の叫びを止めることができなかった。セルフラブヨガとはそういうことなのか。理解したのかしていないのかわからないうちに講師は続ける。「では、今日は、みなさんが思い描いているヨガ。ヨガと聞いて、頭の中に浮かぶイメージ。その一切を、忘れてください」

え⁇　あぐらをかいて目を瞑っている僕の心がざわつく。そして講師は「今日、皆様に、教えるのは、呼吸です」と言い放った。

呼吸⁇　ヨガは？　え、どういうこと？　僕の呼吸が乱れ始めると、ヨガ講師は呼吸の説明に入る。「息を吸ってください、吸って、吸って、限界まで吸い切ったら、自然と吐く息が訪れます」「続いて、息を吐いて、吐いて、吐いて、吐き切ったら、自然と吸う息が訪れます」

繰り返し当たり前のことを言っている。聞いていると、自分に本当に合った分量の息を自然に吸ったり吐いたりできるようになることで、普段の酸素を取り込む量が体に合っていき、心拍数が整うらしいのだ。

このトーンでしばらく呼吸の説明をしていて、いつヨガに入るのか不安になっていると「続いて、膝を伸ばし、足を開いてください」と講師が言った。やっときた。ここからヨガが始まる。そう思っていると、「そのまま、呼吸をしましょう」と言われる。

呼吸⁇　ヨガは？　始まってから20分くらいずっと呼吸を教えられている。どうやらヨガ教室ではなく、呼吸教室に来てしまったようだ。とんだセルフラブブレスである。そうなると、恐らく僕はヨガではなく呼吸の回数券を買ってしまったことになる。

呼吸をしたまま30分程たった時、講師が「さぁ、目を開けてください。そして、窓の外に目をやり、遠くを見ましょう」と言うのだ。このパターンでずっと呼吸だったんだ。どうせこの後もまた呼吸だろう。30分呼吸にうんざりさせられていた僕の脳がそんな悪態をついていると、講師はゆっくりとした丁寧な口調で「そのまま、呼吸をしましょう」と言った。

こりゃだめだ。まだ微かに残っていたヨガへの淡い期待も砕かれた。

そして1時間の授業を呼吸に費やし、最後は体操の後にするような深呼吸で締めくくられた。散々呼吸をしていたんだから最後の深呼吸はいらないだろう、という頭の中での僕の反論も虚しく、授業は終わった。

知らない世界に足を踏み入れてみると、予想を全く裏切られることがある。腰や首の痛みを改善しようと思った場所で、僕は息を吸ったり吐いたりしていた。

教室を出て、再び狭いエレベーターに乗った。がさつに揺れるエレベーターの中、6つの枠に1つだけスタンプの押された、あと5回分の呼吸の回数券に目を落とすと、自然と溜め息が出た。

天使の扱いが雑になっている件

最近天使の扱い方が雑だ。いや、天界に発信する用の文章を書いている訳ではない。よく絵画やイラストで目にするタイプの天使が想像できるだろうか。翼を生やし、茶髪のクルッとした髪型の赤ちゃんのような見た目で、基本的には真っ裸、時にはラッパを持っているあの天使だ。

誰かが絶命すると、空から3人ぐらい降りてきて、肉体から魂を引き剝がし、天界へと連れていくあの天使だ。最近、人間のあの天使に対する扱い方が雑になってきている。

僕が最初にそれを感じたのは数年前、コンビニでトイレを借りた時。トイレに入る

と正面の張り紙が目に入る。

『いつもトイレを綺麗にお使いいただきありがとうございます』

僕はこの、遠回しにトイレを綺麗に使うことを強要してくる言い回しが嫌いだ。書いている人の、笑顔で嫌味を言うような人間性を想像してしまう。そんな張り紙の、言葉の横にあの天使のイラストが描かれていたのだ。

こういったトイレの張り紙には、天使のイラストが描かれている確率が非常に高い。その場合は大体、便器も描かれており、その周りを天使が飛んでいて、清潔な印象を与えるようなイラストだ。だが、この日入ったコンビニのトイレの張り紙には、便器が描かれているのは良いとしても、横には便座に頬ずりをしている天使が描かれていたのだ。

いや、天使だぞ！　僕は目を疑った。見る人に綺麗だというアピールをするにせよ、天使に便座へ頬ずりをさせてしまっている。細かく言えば、頬ずりしながら便座を手でなぞっている。買いたてのカーペットでやるようなアレを、天使に便座でさせているのだ。

どれだけ綺麗に掃除していたとしても、便座など何らかの菌は繁殖しているはずだろう。そんな天使の扱いに、僕は疑問を感じていた。

恐らく僕らは、天使の雑な扱い方を日常で何気なく目にしているのだ。

居酒屋でトイレに入った時も、あの天使を見かけたことがある。『みんなの使うトイレを汚さないでください』という言葉の横に、汚れた和式トイレが描かれており、上を飛んでいるあの天使が鼻を摘んで「くっせ～」というポーズをとっていた。

嗅（か）がせんなよ！　天使だぞ！　と、僕は違和感を通り越して多少の怒りを感じていた。汚くて臭いことをアピールするなら人間でもいいはずで、わざわざ天使に便器のにおいを嗅がせている理由がわからない。天使の存在に慣れすぎてしまい、神聖な天からの使いだということが忘れ去られているのだ。

疑問に感じ出すと、さらに引っかかる。天使がステッキを持って便器に魔法をかけてピカピカにしているイラストを見たことはないだろうか。トイレ用洗剤のラベルなどにも描かれていることがある。もはや僕は、このイラストに対しても、天使の魔法をそんなことに使わせるなよ！　と思ってしまう。

魔法という特殊な能力は、男女の恋愛を手助けしたり、悪に染まりそうな人間を改心させたりという、素敵な出来事を起こしてくれるものではないだろうか。少なくとも汚くなった便器をピカピカにさせるための能力ではない。思いっきり人間ができる範疇（はんちゅう）だ。そんなことで天使が魔法を使わされていることを知れば、ゼウス様もお怒りだろう。

トイレとは関係のない場所でも、あの天使を見かけることはある。

川沿いの道を歩いていた時のこと、目に留まった張り紙には『ペットのフンは必ず持ち帰りましょう』と書かれており、その横では天使がほうきとちり取りで動物のフンを片付けているのだ。

そんなことやらせんなよ！　天使だぞ！　天使の扱いの雑さに呆れる。人間がやればいい上に、天使を使うなら魔法で片付けさせてもいいはずである。片付けさせることを人間に印象付けるためだけに、わざわざ天使にフンの後始末をさせているのだ。

ここまで来るとゼウスも「天使よ、いい加減にしないか。お前達はもう少しプライドというものを持って依頼を選ぶのだ」と、なんでも屋と化してしまった天使達を一喝せざるを得ない。

ドラッグストアで買い物をしていると、ふくらはぎを引き締める女性用のタイツが売られていた。そのパッケージにも天使が描かれており、女性のふくらはぎを、小さな2人の天使が揉みほぐしているというイラストだった。

ふくらはぎなんか揉ませるなよ！　天使だぞ！　と、僕は思い上がった人間の行動に震えた。パッケージデザインの際、天使の立場は考慮されず、もはや下僕のように扱われてしまっている。

どれだけ温かみのあるタッチのイラストで描かれていても、人間がやっていることは悪魔の所業。それに誰も気付かないのだ。

いつから人間は、天使のことをこんなにも雑に扱うようになってしまったんだろう。見た目が赤ん坊だから舐められているのだろうか。僕は今まで目にした天使の記憶を遡ってみた。その多くが絵画などの記憶で、そこでは神聖なものとして扱われている。しかし、記憶の奥底からとんでもないものを思い出す。

小学生の頃、1年に一度、ぎょう虫検査というものがあった。青いセロファンを肛門に押し当てて提出し、虫がいないか一斉検査するのだ。

そのぎょう虫検査キットの使い方を説明する紙に描かれていたイラストに天使がいたのだ。これがまたひどい。真っ裸の天使が尻をこちら側に突き出し、肛門に青いセロファンを押し当てている瞬間なのである。天界では〝使い〟という立場であれ、人間よりは上の立場ではないのか。そもそも天使にぎょう虫がいるかもしれないと思ってしまっている時点で失礼な話である。確かに、あんなに年中真っ裸でいれば丸出しの尻から入ってくるものもありそうだが、天使を見てそんな風に思うことすら失礼である。僕は、小学生の頃の記憶の中でも、天使がこんな見せしめにあっていたのかと思うと、冷や汗が出た。

僕ら人間は天使を身近に感じ過ぎてしまった。結果、天使を〝汚れ仕事でもなんでも引き受けてくれる便利なキャラクター〟だと勘違いしているのである。もしかしたら天界では、とことん人間に舐められていると、執拗にからかわれているかもしれない。僕はそんな天使の姿を想像すると、いたたまれない気持ちになるのである。

天使の描かれ方は、人間がどれだけ傲慢かを炙り出す1つの基準になっているのかもしれない。そう考えると、天使に対する意識をもう一度改め直す必要がある。コンビニのトイレの張り紙に疑問を感じたところから、僕はこんなことに気付かされた。

廃墟の隣の大家さんの家に引っ越す

東京で一人暮らしを始めて4年半。30歳という遅さで実家を出て、墓場の隣のメゾネットタイプのアパートに住んでいたのだが、しばらく住んだこの家から引っ越すことにした。

このアパートに住んだきっかけは、部屋の内見に来た際、スピッツの『猫になりたい』という曲の歌詞の「広すぎる霊園のそばの　このアパートは薄ぐもり」という部分が、この墓場の隣のアパートと重なったことだ。子供の頃から一番好きなバンドがスピッツだった僕は、迷いなく契約したのだった。

好きなバンドの歌詞になぞらえて家を決めるなんて〝憧れの東京での一人暮らし〟という雑誌の1ページ目に載っていそうな家探しの理由だが、そういう人のプロフィ

ール欄には「高校卒業と共に」と書かれているだろうから、30歳過ぎてそれを決め手にするのもどうなんだろうか。まぁ、思っちゃったんだからしょうがない。

幽霊の存在を信じていない僕からすれば、墓場の隣であろうが気にすることはなく、むしろ静かで心地の良い家だった。その家から引っ越す。大した理由はないのだが、強いて言えば車移動をする僕にとって、前の家は駐車場が遠かったのだ。駐車場の近くに住みたい、というのが引っ越しの大体の理由なので、新しい家は割と近所だ。

家探しの時に、変わった家ばかり見てしまう。普通に住みやすい家では満足できなくなってしまっているのかもしれない。

歴代の恋人を思い返してみるとどこかに共通点があるように、家には墓場の隣のような刺激を求めてしまっているみたいだ。しかも初めて付き合ったのが、〝マフィアに追われているフィリピン人女性〟くらいパンチのある家だったので、基準点はめちゃくちゃなものである。

ネットの住宅情報サイトで物件を見るのが好きなのだが、そんなでたらめな基準で見つけたのが新しい家だ。やはり変な物件で、低層マンションの屋上に1軒だけある平屋のような家なのだ。

しかもこの家、屋上へ上がるための入り口が他の住人とは別で、エレベーターが無く、階段を上るしかない。さらに、屋上にある平屋の家と言えば聞こえはいいが、広さは前の家とさほど変わらない。

よく言えばペントハウス。しかし実際は、なんというか、〝大家さんの家〟だ。元々大家さんが屋上にこぢんまりとした平屋を建てて、マンションの管理をしながらそこに住んでいたと想像がつく、大家さんの家なのだ。

極め付きはマンションの隣に建つ一軒家である。大きめの一軒家なのだが、ここには人が住んでおらず廃墟と化している。外観は老朽化が進んでおり、透明な窓ガラスから見える部屋の中はかなり荒れている。

夜になるとマンションの明かりがその家の窓ガラスに差し込んでいるのだが、もしもその窓の奥に人の気配がしたり、何かが横切ったら相当怖いだろうな、と思っている。しかし夜中、家に帰るときは毎回見てしまう。

墓場なら、夜中に人の気配がしても実際に誰かがいる可能性はあるが、廃墟に人の気配がしたとしたら明らかにおかしい。そういう意味では、隣が廃墟の方が怖いのかもしれない。

僕は〝墓場の隣のメゾネット〟から、そんな〝廃墟の隣の大家さんの家〟に引っ越したのだった。

引っ越して数日、部屋の荷物はなかなか片付かないが、大家さんの家に住んでいるので、大家さんのように振る舞う準備だけはできている。

住民に「大家さんおはようございます」と挨拶されても「はいおはよう。ごはんちゃんと食べてる？」など優しい言葉をかけられるし、煮物を作りすぎたら一人暮らしの大学生の部屋に持っていってあげようと考えている。外国人の住民には「オオヤサン、ニッポンノオカアサン」と言われるくらいまで仲良くなろうと思っていて、20代OLの家に下着泥棒が出たらおたまを持って駆けつけるつもりだ。

家の片付けをしていて、ふと気になる場所を見つけた。それは家の外にある、屋上へ上がる階段の下のスペースだ。

階段を下りた横に6畳ほどのスペースがあり、そこには砂利が敷いてあるのだが、何かに使われている様子がない。気になって管理会社に電話してみると、なんとそのスペースは僕が好きに使っていいと言うのだ。急に謎の6畳を手に入れてしまった。

テントくらいだったら立てられそうな絶妙なこのスペースには、難点が1つだけある。隣の廃墟の敷地内にどっしりとした大木が立っており、成長しすぎた木の枝がちょうどその階段下のスペースに入ってきてしまっている。それが少しどころではなく、スペースの半分は上が木の枝で覆われているのだ。

マンション側に非はないはずなのだが、昔からある木に対しての世間の気遣いを侮ってはいけない。こうして他人の敷地を侵していようと、樹齢何百年といった雰囲気の、昔からある木に対して世間は甘い。

昔からある木の幹が太くなりすぎて、公道の幅が狭くなっても、昔からある木にはお咎（とが）めがないのである。そもそも昔、木を伐採してできた道路で、何百年後に昔からある木になりうる木は今でも切っているのに、昔からある木は優遇されている。

なので、隣の廃墟が大木をどれだけ成長させてこちらの敷地の上空を侵してこようと、文句をつければ、昔の木愛護の世間に叩かれかねない。昔からある木とは関わり合いになりたくないものだ。

考えた結果、僕はこのスペースに物置きを建てることにした。家の外に物を置いておける場所があるというのは、部屋が広くなるので非常にいい。

僕の考える物置きというのは、よく一軒家の庭の端に建てられている引き戸の物置きだ。サザエさんの家で、悪さをしたカツオを閉じ込めるのに使っているあの物置きである。戸を木の棒で押さえつけてカツオが出られないようにされている描写をよく見る。今の世の中では考えられないが、物置きは磯野家では罪人を閉じ込める懲罰房と化している。あまりにカツオが悪さばかりするので、説教だけでは効果がないことに気付き、庭にカツオを閉じ込めるための懲罰房を設置したのだろう。

その懲罰房を階段下のスペースに建てようと思い、店を調べた。大型のホームセンターに行けば様々な懲罰房が揃っているらしい。早速、車で都心から少し離れたホームセンターに行った。

入ってすぐ、店員に「庭に置くタイプの懲罰房ありますか？」と聞くと、迷うことなく園芸コーナーの横の懲罰房コーナーに案内してくれた。やはり、ありとあらゆるサイズの懲罰房が数多く揃っている。この地域は罪人が多いのだろうか。

僕は中くらいのサイズの懲罰房を選び、配送手続きを済ませた。2週間後に自宅に届くらしい。

2週間後、階段下のスペースに物置きが建てられた。これから寒くなる季節、家の窓から見えるその物置きの屋根には、大木の枝から落ちた枯葉が何枚も乗っていた。それを見て、僕はここに住み始めたんだな、と思った。

コラボキャンペーンの悲劇

夜10時。いつもより長かった仕事が終わって電車に乗り、家の最寄り駅に着いた。お腹は空いているが、かなり疲れていて帰って夕飯を作る気にもならない。普段目を背けている独身の弱点だ。

その時、駅前の丼もののチェーン店が目に留まった。遅い時間だがまだ営業している。こんな日はこういったサッと出てくる丼ものの店なんかで夕飯を簡単に済ませ、帰ってすぐ寝てしまうのがいい。そう思って店に入ろうとした。

すると店の入り口に、見覚えのあるキャラクターのイラストが描かれたポスターが貼ってあることに気付いた。少し前に観て好きになったアニメのキャラクターだ。どうやらこのチェーン店がそのアニメとのコラボキャンペーンをやっており、特定の商品を注文するとアニメのクリアファイルが貰えるらしい。このイベントの存在はなんとなく知っていたが、始まっていることは把握していなかった。

疲れている日は少しでも幸せな気分になりたい。どんな些細な幸せでもいいのだが、好きなアニメのグッズが貰えるイベントに出くわしたのだからこんなに嬉しいことはない。僕は若干縋(すが)るような思いで、店に入った。

カウンターの席に座り、メニューを開く。アニメのクリアファイルを貰うには一部の対象商品の注文が必要のようで、定食のような、丼ものと汁もののセットを頼むことが条件らしい。僕もサラダだけの注文でクリアファイルを頂こうとは思っていない。

その日は疲れすぎていて、空腹とはいえ沢山は食べられそうにない調子だったが、クリアファイルという名の幸せを手にするために背に腹は代えられないと、牛丼と鶏塩うどんのセットという、少々わんぱくなメニューを注文した。

待っている間、数種類あるクリアファイルの中でどの絵柄が当たるだろう、などと考えながらぼーっと店内を見渡していた。夜10時、客は僕以外に2人。僕と同年代くらいの男の人と50代くらいのおじさんだけ。店内BGMに和楽器でアレンジされたJ-POPがうっすらと流れている。

しばらくして店員の若いお兄さんが牛丼とうどんのセットを運んできた。空腹には変わりないので、いざ目の前に料理が運ばれてくると食欲をそそられる。いただきます、と割り箸を割り、まずは牛丼を食べてみた。うん、ちゃんと美味しい。そのまま二口、三口と勢いよく口に運び、一気に牛丼を半分程食べた。疲れている時ほど食べ出すと止まらないものだ。しかし、そこで僕はふと、あることに気が付いた。

あれ？　クリアファイルは？　料理は運ばれてきたのだが、店員からクリアファイルを渡されていない。しかし、まだ会計時に渡される可能性がある。その場合、今ここで店員を急かしてしまうとギスギスしかねない。その煩わしさこそ疲れてしまう。とりあえずは牛丼だ。そう思い、僕はそのまま目の前の牛丼を食べ切った。

牛丼を完食すると、僕の満腹度は8割を超えていた。ところが、まだうどんが残っている。もしクリアファイルのために無理やり注文したうどんを残すならば、それはおもちゃ目当てに買った食玩のお菓子を捨てるような輩と同罪である。うどんは残せない。

うどんの器を持つと、ずっしりとした重さが伝わってくる。僕は覚悟を決め、うどんをすすってみた。ん、美味しい。思っていた5倍は美味しい。塩味のつゆに鶏の出汁が染み出していて絶妙な味わいを生み出している。チェーン店というだけで味を諦めていたところがあったが、牛丼目当てで頼んだセットのうどんが、牛丼よりも美味しく思えた。

頑張ってうどんも完食。胃袋は完全に許容量を超えている。乗り越えた。セットの試練に打ち勝ったのだ。はち切れんばかりの腹を押さえながら店員に声をかけ、会計を頼んだ。セットは割としっかりした値段だ。代金を支払い、店員からレシートとお釣りが手渡される。と同時に、店員の「ありがとうございましたー」という抑揚のない声が店内に響いた。そしてお釣りを財布にしまい、二間ほど空けて、僕は思った。

あれ？　クリアファイルは⁇　そうだ。クリアファイルを貰っていない。それどころか、店員からはクリアファイルという言葉すら一度も聞いていないのだ。

僕は厨房に戻ろうとする店員に「すいません」と声をかけた。「はい？」と店員が振り返る。僕は「あの、頼んだセットってクリアファイル貰えますよね？」と聞いた。恥ずかしくないと言えば嘘になる。いい大人にもなって、若干焦りながらアニメのクリアファイルを要求しているのだ。だが、これはセットの試練を乗り越えた者の権利だ！　という正義の剣を高らかと掲げて聞いてみた。

すると店員は「あぁ」と言いながら、その場で返答せず、つかつかと厨房に戻っていき、しばらくして帰ってきた。そして、ぶっきらぼうな口調で「もう全部出ちゃいましたね」と言ったのだ。

え？　は？　嘘だろ？　どういうこと？　クリアファイルは配布終了したってことか？　混乱しつつも、僕は瞬時に店内にあるコラボキャンペーンのポスターと、メニューに目を遣った。『終了』の文字などどこにもない。

脳内でぐるぐる考えを巡らせている僕を無視するように、店員は振り返って再び厨房に戻っていった。僕はその場で10秒ほど立ち尽くし、時間差で理解した。言っていた通り、クリアファイルはもう全て出払っているのだ。その上で、この店は『クリアファイルは終了しました』などの告知も無くポスターを貼り続けていたのだろう。そう理解すると、張り詰めていた糸が切れたように、脱力感と疲労が僕を襲った。

クリアファイルが貰えないのなら、そもそもこんなセットは注文していないのだ。腹具合からすれば牛丼だけで良かった。クリアファイルのためだけに余計な金を払い、食べたくもないうどんを食べたのである。こんなエンディングが待ち受けていようとは。少しでも幸せを持ち帰ろうと入った店が、地獄に繋がっているとは思わなかった。

僕は怒りというより、とにかく悲しい気持ちになっていた。無駄に満腹にされた胃袋が痛むが、その痛みがもはや満腹からなのかストレスからなのかわからない。もう一度ポスターを見たが、『数量限定』とは書いてあるが『終了』の告知はやはりどこにもなかった。

悲しみに打ちひしがれていると、向かいの席に座っていた50代くらいのおじさんが店員を呼んでいた。すると、そのおじさんは店員に「すいません、これってクリアファイル貰えますよね？」と聞いたのだ。店員はすぐさま「あ、もう全部出ちゃいましたね」と作業のように答えた。おじさんは「え、あぁ……そうか」と言って、ゆっくりと目の前のテーブルに乗っている丼とうどんの器に目を落とした。

おじさんは僕だ。全く同じ境遇である。きっとおじさんもこのアニメが好きなのだろう。俯きながら小さなため息をついている。おじさんのそんな姿は、自分自身を客観的に見ているような気がして、僕をさらに悲しい気持ちにさせた。

どうして『終了』の告知をどこか分かる場所に出しておけないのだろう。クリアファイルのことを聞いた時の店員の態度から察するに、あの店員はクリアファイルの在庫のことなど把握していない様子だった。恐らく、前の時間帯のアルバイトからの引き継ぎがちゃんとされていなかったのだろう。「前のシフトの奴が、終了したことを俺に言ってなかったんだから知らないよ」という感じが「もう全部出ちゃいましたね」の言い方に出ていた。どこか他人事なのだ。

しかし、客側はもっと「知らないよ」なのだ。アニメの名を借りて商売をするのなら、そのアニメの名誉のためにもしっかりやってほしい。牛丼とうどんが美味しかったからいいという話ではないのだ。

アニメを使って牛丼とうどんのセットを買わせている以上、こんな落とし穴があってはならない。本当にそのアニメが好きならイベント初日に行けよ！　という過激な意見もあるだろう。しかし、最近そのアニメを好きになった人だっている。

例えば、今まで全然アニメを観てこなかった小学生の男の子が、テレビでたまたまそのアニメを観た時に急激に好きになった、という状況であれば、そのアニメのファンの規模感など知る由もないので、イベント終了までの速度はわからない。だけど好きになったので、自分の家は凄くお金が無いけれど、なかなか貯まらないお小遣いを一生懸命貯めてグッズを買いに行った。でもグッズは高くて、貯めたお小遣いでは到底買うことができない。しかしそのタイミングで自分の誕生日が来る。すると母親が「うちは家族で外食はできないけど、今日は500円あげるから好きなもの買ったり、食べたいもの食べたりしてきなさい」と言い、なけなしの500円を男の子に渡すのだ。

男の子は本当は食べたことのない〝パフェ〟というものが食べたいが、貯めたお小遣いを足して牛丼とうどんのセットにすればクリアファイルという、好きになったあのアニメのグッズが初めて手に入る。そしたらうんと大事にしよう。そう思い、〝パフェ〟を諦めて丼もののチェーン店に入る。そして牛丼とうどんのセットを注文し、待っている間、あの絵柄が当たってほしい、などと想像を巡らせるのである。

だが、牛丼とうどんを食べ終え、会計が済み、クリアファイルのことを店員に聞くと、店員は「もう全部出ちゃいましたね」と、ぶっきらぼうに言うのだ。こんな悲劇があるだろうか。今回は中年の男2人が犠牲になるだけで済んだが、この店はそんな悲しい出来事を生んでしまう可能性があるのだ。

僕は店を出た。家の方向に歩き出そうとすると、店にいた50代くらいのおじさんが店から出てきて僕とは逆方向に歩き出した。そのどこか今日という日を諦めた様子に、やはり自分を見た気がした。

後日、鶏塩のうどんはもう一度だけ食べに行った。

トイレの詰まりと謎のギャンブル

僕は低層マンションの上にある平屋の家、まるで前に大家さんが住んでいたかのような〝大家さんの家〟に引っ越した。エレベーターが無く、家まで階段を上らなければならないこと以外は問題もなく、割と快適に過ごしていた。

この家に住み始めて1ヶ月程経ったある日、夜に思い立ってトイレ掃除を始めた。引っ越すに当たってトイレの掃除用品を一新していたので、まだトイレを掃除するのも楽しみと思える時期だ。

最初に、塩素系のトイレ用洗剤を便器に満遍なくかけて放置する。しばらくしたら、一度トイレを流し、もう少し弱めのトイレ用洗剤を使い、ブラシで擦る。そしてもう一度トイレを流し、トイレ用ウェットティッシュで全体を拭くのだ。

さらに仕上げにトイレットペーパーで全ての水気を拭き取る。この時に、僕はトイレットペーパーを惜しみなく使う。どちらかと言えば、生活用品は節約するタイプなのだが、トイレットペーパーとティッシュペーパーは惜しみなく使う。

こう、ガバッと取って使いたいのだ。ティッシュペーパーで何かを拭き取る時も、拭き取れるギリギリの枚数で拭き取るのが嫌いで、余裕の枚数でズバッと拭き取りたい。トイレットペーパーでお尻を拭くときも、手に何周か巻き付けてトイレットペーパーの柔らかさを感じられる量でバシュッと拭きたいのだ。

そんな欲求があるため、トイレ掃除の時も多めのトイレットペーパーでグワッと拭いていた。全て拭き取り終わり、最後に使ったトイレットペーパーを便器に放り込み、水を流した。その時だ。いつも流れていくはずの水が流れず、逆に便器の中の水位がどんどん上がってきた。

やばい！　僕は状況を瞬時に飲み込んだ。流したトイレットペーパーの量が多すぎて排水口が詰まったのだ。確かにかなりの量のトイレットペーパーを一気に流した。だが、前に住んでいた家ではこの量のトイレットペーパーを流しても詰まることはなかったのだ。恐らく今の家は、前の家よりもトイレの水圧が弱いのだろう。

僕は便器の中を上がってくる水位に恐怖を覚えた。トイレの構造など分からないが、このまま便器から水が溢れて、それでも止まらず家中水浸しになる想像までつく。止まれ！　止まれ！　と心の中で叫び続けた。すると水はトイレが溢れるギリギリのところで止まったのだ。

しかしここからが問題で、その後少し様子を見ていたのだが、一向に水位が下がることはない。排水口が完全に詰まっている。生まれて初めてトイレを詰まらせてしまった。

初めてなので、詰まりを解消させるような道具が家に無い。面倒なことになった。とは言え、このままにしておくわけにもいかず、詰まりを解消する道具を求め、夜遅くまでやっている近くの大型スーパーに車で行くことにした。

大型スーパーに行くと、トイレ掃除用品のコーナーに、いわゆる〝スッポン〟があった。トイレ詰まりと言えばこれか、と思い、僕はスッポンを購入して家へ戻った。

家に着き、新品のスッポンからタグを外し、トイレへと向かった。相変わらずトイレの水位は溢れるギリギリだ。僕は購入したスッポンを使おうと、便器にスッポンの先を入れた。スッポンを入れることで水がまさに便器から溢れんばかりとなった。

僕はゆっくりとスッポンを便器の奥まで差し込んでいき、先を排水口にあてがった。しかし、ここで1つの不安を抱いた。

このままスッポンを押し込んで引けば、詰まりが解消されるかもしれないが、このスッポンをスッ！　と押した後、ポン！　と引く動作の時に、どうしてもスッポン自体のポン！　の動作をコントロールし切れない部分があり、表面の水が溢れるんじゃないか、ということだ。だが、水が一向に流れていかないので表面ギリギリの水位をどうにもできない。

僕は一か八か慎重にスッポンを排水口に押し込んだ。そして勢いに任せてスッポンを引いた。スッポンはポン！　という動作とともに引き抜かれ、それによって水面に波が立った。

僕はその瞬間「溢れるな‼」と水面に言った。水はミリ単位のギリギリのところで便器から溢れずに耐えた。なんという極限の勝負だ。水面のことにばかり気を取られていたのだが、どうやらトイレの詰まりのほうは、まるで解消されていない。

その後も何度かスッポンを押しあてて引いては「溢れるな‼」と水面に言うのを繰り返したが、水が排水口から流れていくことはなかった。その時にはもう夜の12時を回っていたこともあり、次の一手を考えるのがそろそろ面倒になっていた僕は、現実から目を背け、一旦寝ることにした。

次の日、朝起きたと同時にトイレのことを思い出した。一晩置いたことにより、水位が下がっているか、トイレットペーパーが溶けて詰まりが解消されているのでは、という淡い期待を抱きながら、寝ぼけまなこでトイレのドアを開けた。

しかしトイレは昨日寝る前と完全に同じ状態で保存されていた。まるでトイレの中だけ時が止まっていたかのようだった。そして昨日の夜の面倒くさいと思っていた感覚が全て甦ってきた。

どれだけスッポンを駆使しようと、水が流れていくことがないのは知っている。これはもう最終手段しかない。業者を呼ぶのだ。なんだか、そこだけは避けて考えていた。値段設定が分からないし、電話したり、来るのを待ったりと煩わしいからだ。

僕は重い気持ちを抱えながら、パソコンを開き、トイレの修理業者を調べた。そして、トイレの修理業者をまとめたサイトをいくつか見た中で、共通して載っていた1つの業者のホームページへ行き、電話をかけてみることにした。

かけてすぐ、電話に出たのは割とぶっきらぼうな喋り方の男の人だった。こういう業者にありがちな、明るくてにこやかで親切そうな雰囲気のホームページとは真逆の人が電話に出る感じが、あまり好きではない。

電話でトイレの状況と住所を伝えると、2時間程度で向かうとのことだった。僕はなんとなく部屋の片付けを始めた。家に人が来るのに散らかっていては恥ずかしいと思ったからだ。しかしよく考えれば、部屋が綺麗だと業者の人に思われても何の得もないのだ。片付けている最中にそのことが頭をよぎったが、深く考えないようにして部屋の片付けをした。

そして2時間が経った頃、ピンポーンと家のベルが鳴った。玄関のドアを開けると、そこにいたのは身長190センチくらいある大男であった。僕は驚きを隠しながらも、大男をトイレへ案内した。

大男はトイレの状況を見るやいなや「なるほどー」と言い、持ってきた大きめのバッグの中をゴソゴソと探し始めると、碁石くらいの丸い錠剤を取り出した。そして僕の方に向き直り「基本料金が千円で、今から入れるこの錠剤が3千円で、合計4千円になりますけどよろしいですか？」と尋ねるのだ。僕は、まぁ4千円で詰まりが解消されるなら、と思い、承諾した。

すると大男は、錠剤をポトポトと3粒便器の水の中に入れた。しばらく様子を見ていると、大男は首を傾げながら小声で「全然だなぁー」と呟いた。そして再び僕に「錠剤を入れたんですが何も変化がないので、一度電気系統を外して、それで詰まりを取る作業をしてもよろしいですか？」と尋ねるのだ。

え、錠剤の3千円は今ので終わり？　と思ったが、詰まりが解消されなくては仕方がない。だがその前に、僕は大男に「ちなみに電気系統を外す作業は追加で料金かかるんですか？」と聞いてみた。大男は平然と「はい、3万円です」と答えた。

3万円⁉　急に⁉　料金の上がり具合に眩暈（めまい）がした。大変な作業なのかもしれないが、このトイレの詰まりに3万円の覚悟はできていない。そして基本料金と錠剤の分も含めて恐らく3万4千円だろう。相場がわからないが高い。というか錠剤を入れる意味あったのか？　あの程度の薬じゃ到底解消されそうにない詰まり具合だろ、と疑念を持ってしまうほど強烈な数字だった。

そして、衝撃と疑念が入り混じった結果、口から「3万円は嫌ですねー……」という言葉が漏れ出していた。業者の大男は「そうですか」と顔を曇らせる。僕は「他に方法ないんですか？」と聞いてみた。すると大男はバッグの中をゴソゴソと探り、何かを摑むと、決心したような表情で「それじゃ、これを使うしかありませんね……」と言い、その何かを取り出した。

それはスッポンであった。そんな秘密兵器のような雰囲気で出す道具ではない。というか昨日買って家にもある。厳密には昨日買ったスッポンより大きめのスッポンではあったのだが、スッポンはスッポンだ。

僕は拍子抜けしながらも「それは追加料金かかるんですか？」と聞いた。すると大男はまたも平然と「1万1千円です」と答えた。

1万1千円⁉　スッポンなのに⁉　恐らくスッポンを押しあてて引くだけなのだ。それだけの行為に1万1千円は高い。そもそもそのスッポン自体の値段が1万1千円するのだろうか。むしろそのスッポンを定価で売ってほしい。

しかし、もしかしたらその少し大きめのスッポンならどうにかなるかもしれない。僕が「そのスッポンを使えば流れそうですか？」と尋ねると、大男は「正直言わせてもらいますと、五分五分です」と答えた。

五分五分か。1万1千円払って50パーセントの確率で詰まりが取れないのは辛い。僕は、これも一応聞いてみようと思い「電気系統を外して作業すると直るんですよね？」と尋ねた。大男は「ほとんどの詰まりは、それで直りますよ」と言う。

1万1千円で50パーセント、3万円でほぼ100パーセント。なんなんだこのギャンブルは。急に朝から謎のギャンブルを強いられている。金額も割合も絶妙な数字である。

しばらく葛藤した末、金額に負け「スッポンで……」と言いかけた。しかし、その瞬間心がざわついた。何か違和感がある。待てよ、そうか。このスッポンが失敗した場合、1万1千円が無駄になるだけではなく、その後電気系統を外す作業になるだろうから、さらに3万円かかるだろう。そうすると合計4万1千円ではないか？　とんでもない金額である。スッポンを選んだ場合、50パーセントの確率で4万1千円になってしまうのだ。

そう考えるとシンプルに3万円の方がいいのか⁉　一体なんだこのギャンブルは。全く予想だにしていなかった難しい選択を突きつけられている。どっちだ⁉　ちくしょう、なんでこんなことになっちまったんだ⁉　トイレを詰まらせただけなのに‼

そう、僕はただただただトイレを詰まらせてしまっただけなのだ。それなのに何故か朝からこんな岐路に立たされている。僕は悩んだ。少し時間をもらい、悩んで悩み抜いて決断した。

「くっ……わかりました……スッポンでお願いします……！」50パーセントの1万1千円に賭けたのだ。リスクを冒してでも安く済むと信じたい。

業者の大男は「わかりました」と頷くと、スッポンをチャプッと便器の水の中に入れた。そして先をゆっくりと排水口にあてた。

流れろ！　流れろ！　流れろ！　流れろ‼　僕は拳を握り締めながら強く願った。

そして大男はスッポンを奥に押し込み、グッ！　と勢いよく引いた。

すると次の瞬間、ゴボゴボゴボーッ！　水が流れたのだ。詰まりはその一撃で解消され、便器に溜まっていた水がみるみる流れていく。

うおぉー！　やった！　やった！　やったぞ！　歓喜である。流れた！　どうだ！　勝った！　勝ったんだ！　俺はこのギャンブルに勝ったんだ！　1万1千円！　1万1千円で済んだんだー！　と心の中で叫んだ時、ふと我に返った。

あれ？　1万1千円って、高くない？


結局、最初の4千円も含め、税込みで1万6千5百円を業者の大男に支払った。日常で急な賭けを強いられることがたまにある。しかし今回はトイレを詰まらせた時点で負けていたことに後々気付いたのだった。

新しい家ではトイレットペーパーをいっぱい使うのはやめよう。普通にそう思った。

自転車運がとことん無いのだ

自転車が盗まれた。3年ほど前に買った自転車である。出掛けに駅の駐輪場に置いたのだが、帰る頃には無くなっており、撤去自転車置き場を調べても無かったので、そこで盗まれたと確信させられた。

つくづく自転車運がないのだ。僕は今まで自転車を10台以上は盗まれているのではないだろうか。

正直、自転車を壊れるまで乗った例しがない。買ってからある程度乗ると、自転車は忽然と姿を消す。いっそのこと自転車の説明書に『購入後、数年経つと盗まれます』の一文を添えてもらいたいものだ。盗まれた自転車が近くのリサイクルショップで売られていたこともある。

振り返ると僕の地元である埼玉県は、自転車の盗難件数が非常に多かった。そのくせ、常にサイクリングを推奨する活動やイベントを行っているので、もはや全て県ぐるみではないかと邪推してしまう。盗難が多ければそれだけ自転車購入の回転率も上がることだろう、自転車だけにな！　と、盗まれた怒りを見当違いな方向へとぶつけることしかできなかった。

自転車を盗まれてからしばらくは車か徒歩で移動していたのだが、どうにも不便になってきた。家から一番近いコンビニが徒歩7分ほどの場所にあるのだ。歩いて行くには少しだけ遠いが、車で行くには近過ぎる絶妙な位置。他にも家の周辺を移動するにはやはり自転車が必要だと感じ、性懲(しょうこ)りもなく新しい自転車を購入することにした。そして今回は近所の道に坂が多いことも考え、電動自転車の中から選ぶことにしたのだ。僕は今まで電動自転車を買ったことがなかった。なんというか、名称はわからないのだが、年寄りの乗っている謎の四輪の電動式カートのような印象を電動自転車に抱いていたので、将来的にあれに乗ることへの近道のような気がして手を出せていなかった。しかし最近の電動自転車の進化により、若者が乗るような小洒落(こじゃれ)たものも出ているようなので、印象が変わったのである。

インターネットサイトに無数に出てくる電動自転車を見漁っていると、見た目も良く、価格も手頃なものを見つけた。電動自転車といえば大きいバッテリーが見える場所に付いていることが多いが、それはバッテリーがフレームに内蔵されているタイプだったので、スッキリしていて気に入ったのだ。

早速、購入できるサイトを探した。だが、残念なことにその電動自転車の生産は前年で終わっており、在庫を抱えているサイトでしか購入できないらしい。しかもかなり人気の種類らしく、置いているサイトが見つからない。

それでも根気よく探していると、1件だけ購入できるサイトを見つけた。電動自転車を多く扱っているサイトで、なんと価格も定価より2割ほど安いのだ。僕の欲しかった、定価が8万円ほどする電動自転車が、そのサイトでは6万5千円で販売されていた。

僕は思わぬ掘り出し物に少し興奮し、すぐに購入しようとサイトに登録した。そしてその電動自転車の購入ボタンを押した。『お買い上げありがとうございます』の文字。しばらくすると自分のメールアドレスにサイトからメールが送られてきた。そこには商品の情報と、支払いの振込先が記載されていた。クレジットカードでの決済ができないようで、銀行振り込みのみでの支払いなのだ。

こうなると面倒なことが1つある。実は、僕は自分の口座の管理を母親に任せているのだ。昔からお金の管理をするのが得意ではなく、母親に通帳を預け、管理をしてもらっている。もう30代半ばになろうというのだが、我ながら10代のアイドルのようなお金の管理方法だとは思う。

なので、こういった少し大きめの買い物をする時には母親に言って、口座からお金を引き出してもらうという手間が発生してしまう。今回の場合はサイトの振込先に直接振り込んでもらわなければならないので、その旨を伝えるべく母親に電話をかけた。自転車をネットで購入したことを話し、6万5千円の振り込みを頼むと「あんたネット詐欺じゃないか確認したの？　大丈夫でしょうね？」と言う母親。

これが面倒なのだ。大きめの買い物をすると、毎度なぜかお金を出し渋る。いくら母親に管理してもらっているとは言え、元は僕の貯金である。しかし貯金を下ろす際のこの母親の検問を突破することは必須で、とにかく時間がかかるのだ。

母親を説得するため、もう一度サイトを確認すると、しっかり路面店も構えている自転車屋だったので、諸々母親に伝えて再三説得し、振り込んでもらえることとなった。このやりとりは全くもってどうかしている。

数時間後、母親から『振り込みしたよ』というメールが届いた。しかしよく見ると、母親のメールが届く前に自転車屋のサイトからもメールが来ていた。そこには『申し訳ございません。本日、自転車を購入された別のお客様からの入金が、私共の口座に反映されないトラブルが起こってしまいました。念の為、振込先の変更をお願いできますでしょうか？』と書かれていた。

そうか、と記載されている振込先に振り込もうと思ったのだが、母親から、振り込みが完了したというメールが来ていたことを思い出す。口座変更のメールに気付いたのが振り込みしてしまった後なので、どうすることもできず、一応そのメールに『最初のメールに記載されていた口座に振り込みいたしましたので確認お願いします』と返信した。

数分後、そのサイトからメールが届いた。そこには『申し訳ございません。本日、自転車を購入された別のお客様から〜』と、さっきと同じ内容があり、また別の振込先が送られてきたのだ。

何かがおかしい。違和感を抱いた僕は、ホームページにアクセスするのではなく、そのサイト自体のことをネットで検索してみた。すると、数件のサイトで『この自転車通販サイトは中国系のネット詐欺サイトです』と書かれていたのだ。そう、僕が自転車を購入したサイトは詐欺サイトだった。

騙された!!　そう思った時にはもう遅く、6万5千円は詐欺サイトに振り込まれている。返金を要求すべく、もう一度メールを送った。しかしそれ以降、二度とそのサイトからメールが返ってくることはなかった。

令和という新時代。僕はその日、ネット詐欺に遭ってしまった。

詐欺サイトに引っかかってしまった時の対処法を調べたが、泣き寝入りか、予防法しか出てこず、落胆した。その時、母親のあの言葉が頭の中に響いていた。「あんたネット詐欺じゃないか確認したの?」確かにそう言われたのだ。

言うこと聞いとけばよかった、と童話の登場人物のような気持ちになる。あの時、サイトのことを詳しく調べなかったことへの後悔が僕に重くのしかかった。後々調べて分かったのだが、ホームページに載っていた店舗は、そのサイトとは全く関係の無い別の自転車屋の写真が勝手に載せられているだけで、嘘情報だったのだ。

詐欺サイトからの返信を待ち、沈んだ気持ちのまま数日が経った。もう警察と銀行に相談してみよう。そう考えていた時、母親から携帯電話に着信があった。

電話に出ると、開口一番「あんたの銀行から着信があったんだけど何か心当たりある?」と言う。きっとあのネット詐欺の件だ、と勘付いたが「あ、え、わからないわ」と、しらばっくれた。詐欺に遭ったことなど知られたら何を言われるかわからない。

「一応電話してみるから電話番号教えて」と言って番号を聞き出し、電話を切った後、即座に銀行に電話をかけた。つながると、銀行員が「お客様、最近インターネットで何か購入されましたでしょうか？」と、僕に尋ねた。

電動自転車のことだ。「しましたね……」と答えると、銀行員は「お客様の入金された口座なんですが、少々問題がありまして、私共の方で停止していた口座だったもので、入金額がそのまま戻ってきているのですが」と言った。

え!?　入金額戻ってきた!?　6万5千円!?　良かった！　あぶねー!!

助かったのだ。銀行の厳重なセキュリティにより、6万5千円の入金は止められていた。銀行は素晴らしい。ありがとう銀行。

そして銀行員は続けた。「つきましては返金手数料が数百円かかるのと、お客様の口座のある支店まで、できれば近日中に来ていただきたいのですが」

口座のある支店。地元の埼玉である。しかし、そこから数日僕は仕事が忙しく、日中に埼玉まで行ける余裕がない。ふざけんなよ銀行！　他の店舗でも受け取れるようにしろよ！　こうなると母親に頼むしかない。

僕は銀行との電話を切った後、6万5千円のためなら背に腹は代えられないと、もう一度母親に電話をかけた。そして「ちょっと銀行にお金取りに行って欲しいんだけど……」と言った。

母親は怪しんだような声で「なんでよ？」と聞いてくる。僕は隠せないと思い「実は、この間の自転車のサイトが詐欺サイトでさ……銀行にお金が戻ってきたらしいんだよね……」と答えた。

すると母親は「あんた！！！ 馬鹿じゃないの！！！？」と、携帯電話の画面が割れるかと思うほど声を張り上げた。予想通りの反応である。僕はすぐさま「まぁ、そういうことだから。あ、えーっと、ちょっともう仕事始まるから、頼むねー」と、適当な嘘をついて電話を切ったのだった。

こうして僕のネット詐欺騒動は終わりを迎えた。


後日、無事6万5千円が返ってきた。しかし、僕は自転車運がとことん無いことを再確認させられたのだった。

そしてもうひとつ、今回このネット詐欺被害で分かったことがある。それは、お母さんの言うことはちゃんと聞いた方がいいということだ。

苦手なパクチーを克服しようとしたけど

苦手な食べ物が多い。いや、これがかなり多いのだ。

元々味が苦手な食べ物も多い上に、子供の頃に親の苦手な食べ物に対して、これは美味しくないんだ、という印象が刷り込まれて苦手になった食べ物もある。決して食わず嫌いな訳ではなく、味も美味しくないと感じるようになってしまった。そうして自分の苦手な食べ物に、両親の苦手な食べ物が足された、悲しき舌が完成したのだ。

ちなみに味にうるさいという訳ではなく、苦手でないものなら基本お腹を満たせれば何でもいい。

漬物、梅干し、レバー、メロン、あんこ……と苦手な食べ物をあげればキリが無い。

傾向で言うと、春菊、セロリ、シソといった主張の強い野菜が苦手で、中でもシソが苦手なので普段、面倒なことが多い。

シソというのは野菜の中でも苦手とする人が多い方の野菜だと僕は思っている。その割に飲食店では、シソが入っているにもかかわらず『和風』とだけ謳って、メニュー名にシソが入っている告知をしていないことがあり、知らずに注文し、一切食べられないという経験が何度もある。

市販の弁当では『彩り弁当』などと書かれているだけなのに、蓋を開けると、ご飯全体に紫色のシソのふりかけがかかっているようなこともある。これには流石に殺意を覚える。『彩り』という表現だけでご飯全体にシソのふりかけがかかっていることをどうやって推測すればいいのか。そもそも結構な人が苦手なシソを、どうしてご飯全体にかけてしまうのだ。別にしておいて、購入者の好みでかけて食べるような形式なら何の問題も無い。

恐らく従業員にシソが苦手な人が1人もおらず、シソのせいで食べられない人がいるなどとは想像もしないのだろう。弁当の蓋を開けた時、従業員からの「良かれと思って」という声と、屈託のない笑顔が紫色のご飯の向こう側に見える感じがとにかく腹立たしいのだ。

シソ以上に苦手な野菜がパクチーだ。こういう、それが入っているだけで全体の味を制するような食べ物が苦手なのかもしれない。

先日、仕事帰りに近くのスーパーに寄った。夜遅かったこともあり、品揃えは壊滅的で、野菜コーナーにも大して野菜が並んでいなかった。ふらっと流しながら見ていると、わずかに残る野菜の中にパクチーを見つけたのだ。

普段、他の野菜がずらりと並んでいればパクチーなど目に入らないのだが、その時、売れ残ったパクチーと目が合った気がした。ガランとした店内で目が合ってしまうと、どうにも気まずい。売れ残っていることをこちらが認識したとパクチー側に知られた状態で、目を逸らしにくいのだ。

見つめ合った末、この機会にパクチーを克服してみてもいいかな、という気持ちにさせられてしまい、パクチーを2束購入したのだった。まぁ次の日が休みで予定もなく暇だったという理由もあったが。

家に帰り、台所で購入したパクチーを2束並べ、どう食べようか考えた。考えている間にもパクチーからは若干、あの独特の匂いが漂っている。

冷蔵庫を開けると、前日食べた絹ごし豆腐の余りが1パックあった。僕は豆腐を器に出し、食べるラー油をかけて、その上に刻んだパクチーを乗せた。ちょっとした居酒屋で出てきそうな簡単な料理だ。

食べるラー油でパクチーの味も多少緩和されて食べられるだろうという甘い考えを持ちながら、一口頰張った。口の中に広がる味、鼻から抜ける風味、パクチーだ。他の何でもない。豆腐とラー油をどちらも制してしまっている。もはや僕からしてみればただの大きいパクチーだ。食べられたものではない。

刻んだとはいえ生のパクチーは早すぎたのだ。そう思った僕は次に、冷蔵庫にあったもやしに少量の刻んだパクチーを加え、きつめに醬油とコショウで味付けをしながらフライパンで炒めた。加熱しているし、調味料でごまかされるだろうという算段である。

出来上がったパクチー風味のもやし炒めを、恐る恐る食べてみた。パクチーだ。もやしの食感よりパクチーの風味が先にくる。口に入る前から鼻先に苦手な匂いがまとわりつき、口より鼻が先に味わってしまっている。

僕はパクチーに関しては味というよりも匂いが苦手なのだということが分かった。その後も、サラダに混ぜてみたり、油を使って素揚げにしてみたりと、色々試してみたのだが、自分はやはりパクチーが苦手だということを再認識するばかりであった。

ちなみにパクチーの天ぷらも試してみたのだが、衣とパクチーの相性が最悪で、今後どれだけ美味しいパクチー料理が出て来ようと、パクチーの天ぷらの味を思い出して吐き気を催しそうな程であった。

大人になると苦手な食べ物は克服できないのか。使わなかった残りのパクチーを見て虚しい気持ちになりながら、ふと子供の頃はどう克服していたのかを思い出そうとしていた。

両親は、僕の苦手な食べ物に関してはほとんど放置しており、食べられないものは食卓に出さないことの方が多かったのだが、唯一子供の頃苦手だったピーマンだけは克服させられた記憶がうっすらある。やり方はまさに子供相手といった感じで、子供向けのアニメになぞらえて「ピーマン食べられなかったらピーマンマンになれないよ！」という簡単なものだ。

そう言われた僕は半分泣きながらピーマンを食べられるようになったのだが、今考えると、その頃ピーマンマンというキャラクターを特別好きでもなかったので、ピーマンマンになれないことが響いたというよりは〝何かが失われる〟という謎の強迫観念に襲われて苦手なことを克服する、恐怖による支配だったのだろう。

それを思い出した時、もしパクチーマンがいたらどんなキャラクターだろう、ということから苦手を克服する糸口が見つかるかもしれないと思った。

パクチーマンは当然パクチーの特徴を受け継いでいるので、どこにいても、どれだけ大勢の中にいても派手な服装や振る舞いで自分を主張しようとするだろう。他人を立てることには気を回さず、自分が！　自分が！　と存在をアピールするはずだ。

数人で会話をしていても、話の中心にいないと気が済まず、人の話を聞いているようで聞いていない。「うん、うん、うん」と一定の相槌を打っているのだが、それは自分の話に持っていく為の助走に過ぎず、相手の話が終わったと同時に間髪入れず自分の話をし出す。会話の終わりは必ず自分の話で、というタイプのキャラクターなのだ。

そしてとにかく、自分は人とは違うということのアピールが激しく、自分の異常性を発信し、普通と言われることを何よりも嫌っている。目上の人にも敬語を使わず「敬語を使わないのが自分だから」と主張して、他人からそれを指摘されると〝多様性〟という言葉をしきりに使ってどこかで聞いたような持論をほざく。最初はそのキャラクターで持て囃(はや)されているのだ。

だが時間が経つにつれ、薄っぺらさと、〝変わっている〟と思われたい自意識がバレ始めて、そのタイミングで「実は嫌な奴」などの噂も出始め、だんだんと嫌われてしまう。しばらくするとパクチーマンを見かけなくなり、みんなが忘れかけた頃、久々に姿を現したパクチーマンはすっかり普通の見た目で、敬語も使い、礼儀正しくなっており「あれ？　パクチーマン、あのキャラどうしたの？」と聞くと、苦笑いで「いや、あの時は若気の至りで……」と〝若気の至り〟という一言で今までの無礼を片付けようとしてくる。

そんなパクチーマンを見て僕は思うのだ。もともとお前に違和感を覚えていた俺達はいいけど、元のお前のキャラクターを本当に好きだった人達にはちゃんと説明したのか？　その人達に「あのキャラクターは全くの嘘でした」という説明はするべきじゃないのか？　してないとしたら、そういうところだからな、お前が薄っぺらいって思われていたのは。

そして、そんなことを言う人もちらほら現れ、パクチーマンはさらに当たり障りのないキャラクターになり、〝普通〟を加速させていくのだ。

そんなパクチーマンのようにパクチーも当たり障りのない野菜になるのを待てばいいのか、とも思ったが、ブレて当たり障りのない野菜となったパクチーを見た時にきっと僕は、あ、やっぱりパクチー好きじゃないわ、と思うだろう。パクチーを考えることで、好きになれない方に考えがまとまってしまった。

大人になっても苦手な食べ物は沢山ある。苦手なものはなかなか好きになれそうもなく、もう好きなものだけを食べていればいいのかもしれない。そう思った。

元不良の後輩の事件が起きる人生

仕事の後輩に元不良が2人いる。パンチパーマで小柄、陽気でよく喋る荒木。金髪で大柄、口数が少なく眼光の鋭い山出谷（やまでや）。いかにも元不良といった風貌だが、2人とも歳は僕の6つ下で、話すと気の良い奴らである。どちらも大阪出身で、荒木は堺市、山出谷は関西の不良のメッカ、岸和田市で育った。

僕は中高生の頃に不良グループに属していなかったからか、逆にこういう不良の話にワクワクしてしまい、2人から昔の話を聞くのが好きだ。

荒木と山出谷は生まれた地域が少し離れているので別々の学校に通っていた。山出谷は不良グループのリーダー格で、喧嘩は無敗、そして曾祖父が元横綱というまるで

ヤンキー漫画の登場人物だ。

一方、荒木は不良グループのムードメーカー的な存在だったのだが、喧嘩が強いわけではなく、喧嘩によって今は前歯がほとんど差し歯になっている。だが剣道の腕前は一級品で、全国ベスト8まで進出した経験を持つ。なので棒切れなどの剣の代わりになるものさえあれば、とてつもない強さを発揮するという、これもまたヤンキー漫画の登場人物のような男である。

一度、遊びで竹刀を持つふりをして荒木にエアー剣道を挑んだことがあるのだが、始まった瞬間に距離を詰められ、次の瞬間には喉をひと突きにされていた。その時の荒木の気迫は、確実に手に握った真剣を僕に見せ、剣先が深々と喉に突き刺さったようにも感じさせたのだ。

荒木と山出谷は、お互いが東京に出てきてから共通の友人を介して初めて知り合った。しかし荒木は、喧嘩無敗伝説を轟(とどろ)かせていた山出谷の噂は聞いており、初めて会った時に「コイツがあの怪物、山出谷か」と思ったらしい。

その喧嘩無敗伝説についても山出谷に聞いたことがある。山出谷は「昔の話っすよ」とヤンキー漫画というよりは任俠映画のような哀愁で話し始めたのだが、どうやらその界隈の不良の喧嘩というのはほとんどが1対1のタイマン形式らしい。

喧嘩になりそうになると、不良同士のルールで、そこでは喧嘩せず、まず場所と日時を決める。場所は大抵、大仙（だいせん）公園という堺市の古墳のある公園なのだが、喧嘩を取り付けると「今日大仙公園でタイマンやるらしい！」などと噂が広がり、時間になれば、たちまち公園は喧嘩を観にきた周辺の学校の不良で溢れる。

そしていざ当人同士が現れると、ギャラリーが見守る中２人が対峙し、第三者の仲介人が間に立って、その仲介人が自分の持っているライターを宙に投げ、パァン！と地面に着いたら喧嘩開始。という、信じられないほどヤンキー漫画そのもののような流れで喧嘩が行われる。

その後、喧嘩無敗の山出谷が開始とともに取る行動にも、僕は度肝を抜かれた。喧嘩が強いと言うのでてっきり開始直後の戦法や、攻略方法があるものだと考えていたのだが、山出谷が取るのは驚きの行動である。

それは、まず〝相手に一発殴らせる〟だ。そんな発想は普通出てこない。無敗故なのだろうか。相手から一発もらうと、相手の力量が測れるのとともに、一気にアドレナリンが出て興奮状態になるらしい。そして、その後のことは何も覚えておらず、気が付くと相手が倒れているのだと言う。

これが全部本当だと言うのだから、目の前に居るこいつはとんだ化け物だ、と話を聞いた直後、ほんのり後退り（あとずさ）した。

さらに、喧嘩において不良の中ではもう1つ暗黙の決まりごとがあるらしい。それは、タイマンの喧嘩に負けた者は学校を辞めるという、とんでもないものだ。厳密に言えば、多くの不良が喧嘩を観戦しているので、負けると噂が広まってしまい、不良としてはメンツを保てなくなり、学校に行けなくなる、ということらしい。

しかしよく考えると、学校の本質は学ぶことなので、学ぶことを賭けて喧嘩しているようで、話がひっくり返っていて面白い。ちなみに山出谷の通っていた高校は、相当な不良高校で、入学当初300人いた同級生が卒業するまでには100人いなかったというのだ。もはや平成の出来事とは思えない。

ただ、その地域で喧嘩というのは、相手に腹が立ったり、気が合わなくて喧嘩に発展、ということでもないようだ。どうやら先輩から代々伝わる刺繡入りの派手な学ランがあり、その地域で先輩に認められた強い不良だけがその学ランを受け継ぐことができる。不良達は卒業式の日にその学ランを着る為に、先輩へのアピールとして強い者同士で喧嘩するらしいのだ。

ここまで漫画のような設定が作り込まれていると、もはや創作では無いかと疑ってしまうが、全て事実だと言う。そして、学校のルールと逆行している不良が、卒業式を晴れ舞台として、大切に思っていそうなところに、また不良のでたらめさが出ている。

そんなヤンキー漫画から飛び出してきたような荒木と山出谷も、大人になればもう落ち着き払っている。強面（こわもて）なことには変わりがないが、その辺のいきり立っている大人と比べると、喧嘩なんて子供のやること、と言わんばかりに穏やかだ。

先日2人に会った時のこと、荒木はいつものように「兄やん、おはようございます！」などと、調子のいい挨拶をしてくるのだが、山出谷の方はうつむき加減で少し思い詰めたような顔をしている。

「何かあったのか？」と聞くと、山出谷は沈んだ様子で「女の子にフラれちゃいまして……」と言うのだ。まるで、この2人のヤンキー漫画の『山出谷、フラれる』という回の始まりである。

話を聞いてみると、その女の子は、山出谷とは付き合っているのか付き合っていないのか絶妙な関係であり、山出谷はその子のことが好きなのだが、今一歩踏み出せない状況の中、その女の子が今の仕事を辞め、東京から地元の広島に帰ってしまうことになったらしいのだ。

それを聞いた山出谷は意を決して「だったら俺と付き合って、俺の家に一緒に住もうや」と言ったらしい。するとその子も「わかった」と受け入れたのだが、一旦は実家に帰ると両親に言ってしまった手前、顔を見せに一度帰らざるを得なくなったようで「少しの間だけ」と実家に帰った。

すると、数日後その子からメールが届き、そこには『一緒に住むことを両親に言ったら猛反対され、考えている内にやはり東京で一緒に住むことは現実的じゃないと気付いたので、東京に戻って一緒には住めない』という趣旨のことが書かれていた。しかもそのメールが届いたのが数時間前らしいので、山出谷の気分は今まさにどん底という訳だ。荒木も横で心配そうな様子でいる。

「もうキッパリ諦めます」と言いながら、がっくり肩を落とす山出谷に、僕は「広島まで一回行ってみたら？」と聞いてみた。しかし山出谷は「いや、あんまり追っかけるのもダサいですし……お金もないんで……」と、意気消沈している。

そのまま山出谷は今朝の出来事を引きずった様子で過ごしていた。喧嘩無敗の男も、落ち込んで背中を丸めていると、小さく見える。僕はそんな山出谷を見ていて、ふと思い立った。そして山出谷に「よし。やっぱりお前、広島行ってこい。新幹線代は俺が出してやるわ」と言った。

「まじすか！」と驚いた様子の山出谷。荒木も目を輝かせている。正直言うと、その時、後輩の恋を応援してやろう、なんて気持ちは、僕にはほとんど無かった。ただ、その話をそこで終わらせてしまうよりは、続きを見てみたくなったのだ。そして、できれば僕もそのヤンキー漫画の登場人物になりたかったのである。

僕は財布から往復の新幹線代を渡した。山出谷も元々誰かに後押ししてもらいたかったのか、覚悟を決めたようで「わかりました。連れ戻しに行ってきます！」と、背中を向けた。僕は「山出谷！」と、一度呼び止めた。そして「そうだ。広島行くなら、お土産に広島焼き買ってきてくれ。帰ってくるお前とその子みたいに、アツアツのやつをな！」と餞別の言葉を送った。

するとその場の空気が一瞬止まり、荒木と山出谷も歪んだ作り笑いを浮かべていた。どうやら僕は漫画の登場人物にはなれないらしい。そのまま山出谷はお辞儀をし、走って行った。

そして数日が経った。山出谷はどうなったかな、とうっすら思っていると山出谷からメールが入った。そこには『先日は本当ありがとうございます。無事、彼女に気持ちを伝えて、東京に戻って一緒に住むことになりました』と書いてある。

え!? 成功してるじゃん！ 僕は目を疑った。交通費を渡して広島へ向かわせたとは言え、またフラれて戻ってくるものだと思っていたのだ。フラれたけど気持ちにけりをつけてきた、というような話が聞ければいいな、くらいに考えていたのだが、まさか成功して、この物語がハッピーエンドになるとは。

後日山出谷に会い、経緯を聞いた。あの後、広島へ向かい、新幹線でその子と連絡をとっていると、その子が駅まで車で迎えにきてくれることになったらしい。広島に着き、駅で落ち合って車に乗り込み話していると、最後に前から一緒に行こうと言っていた三重の伊勢神宮に行ってみることになった。車で伊勢神宮まで行って、夫婦岩（めおと）という名所の前で話していると、どうやらその子はまだ山出谷のことが好きだと言うのだ。しかし、どうしても家族の反対を押しきれず、別れることを決意したらしい。

それを聞いた山出谷は、この子をこのまま帰しちゃいけない、と思い、そのまま、お腹が空いた、という理由で名古屋へ向かって味噌カツを食べ、静岡にいいサウナ施設がある、と静岡に向かってサウナに入り、少しずつ広島とは逆方向の東へ東へ向かって行ったらしい。

なんたる強引な手段だ、と僕は思ったが、静岡を出る頃にはその子の気持ちも山出谷に傾いていていたらしく「わかった。東京で一緒に住む」と決意したそうだ。そして車の中で実家に電話をかけ「もうそっちへは帰らない。この人と暮らすから」と告げ、一緒に東京に戻ってきたと言う。

物語のようなうまい話になったものだ。山出谷も幸せそうな顔をしている。そして山出谷は「本当今回お世話になりました」と礼を言い、「これお土産買ってきたんで良かったら」と、伊勢のうどん、名古屋のどて煮、静岡のサウナ施設のタオル、という連れ戻しルートのお土産が入った袋を僕にくれた。

自分の日常は割と平坦なものだ。しかし、漫画や映画のような話は現実にもある。続きを追っていくと、どこかで現実に引き戻されるかと思いきや、さらに物語のような結末を迎えることもあるんだと僕は知った。なかなか面白い。

珪藻土バスマットをめぐる母との攻防

30歳で実家を出てから一人暮らしの家も一度引っ越しをし、現在は〝廃墟の隣の大家さんの家〟で暮らしている。

住んでいるのは東京なので埼玉の実家までは車で1時間程度なのだが、一人暮らしの家には定期的に母親が来て、生活用品やら食べ物やらを置いていく。4年半も1人で生活をしていて、そんなものは自分でスーパーで買えばいいのだから必要なさそうに思えるが、これがなかなか無下にはできない。

とにかく生活用品はスーパーに行った時には毎度驚くほど買うことを忘れているし、母親が買ってくるちょっとした惣菜や冷凍食品は、普段自分には目に入らないような〝実家臭〟が漂いまくっているもので、これがまたいい。

マカロニサラダやカステラ、謎の冷凍のチヂミ、チンする肉まん3個セットなんてものは、まず一人暮らしの買い物のラインナップには入らない。買ってまで食べたいものではないのだが、家にあると、ふと手が伸びてしまい、食べ終わった後にはありがたみを感じているのだ。

この実家臭は嗅ぎすぎると鼻の奥にツンとくるものがあるが、定期的に母親がいい塩梅で運んでくる実家臭は、少し楽しみにしている自分がいる。これだから〝親〟はやめられねぇぜ、と思っているのだが、周りの人間には「いい加減やめなよ」と諭されるのだ。あいつらとは感覚が合わない。

ある日、いつものように母親が生活用品や食べ物を車で僕の家まで運んできた。ちょっとした生協だ。

近くのコインパーキングに車が停められないということなので僕の家の前の道に一時停車させ、僕が荷物を下まで取りに行くことになった。「下に着いたよ」という電話を受け、マンションの下まで降りると、母親の軽自動車が停まっており「後ろの荷物。その袋と、その手提げね」と言われるままに、後部座席から袋と手提げを回収する。

配達員さんご苦労様です、と心の中でお礼を言い、家へ戻ろうとすると「ちょっとあんた、珪藻土マットは？」と声をかけられた。言葉の意味が一瞬わからなかったが、僕はすぐに思い出した。

最近、大手家具メーカーが4年程前から販売している、珪藻土という吸水性のある素材で作られたバスマットにアスベストが含まれていたとして、その時期の珪藻土バスマットを自主回収している。そして僕が一人暮らしを始めた頃に買った珪藻土バスマットが、メーカーも時期も一致していたので、母親がそれを懸念し「実家で処理してあげるから、今度あんたの家行く時に車に積みなさい」と言われていたのだ。

僕はそれをすっかり忘れていて、マンションの下まで降りてきてしまった。だが、もう一度家へ戻って珪藻土マットを持ってくるのも面倒なので「大丈夫、大丈夫」と言って再び家に戻ろうとした。すると母親が「ダメだよ！　なに考えてんの⁉」と、僕を引き止めた。

正直僕自身も珪藻土マットに関しては新しいものに替えようと思っていて、最近ネット通販で目星をつけていた。しかしその新しい珪藻土マットを買うまでの間、脱衣所のバスマットが無くては風呂上がりに床がびしょびしょになってしまう。だから、次のバスマットを買うまでは今までの珪藻土マットを使おうと思っていたのだ。

なので「いや、次のバスマットすぐ買うけどそれまでは今までの使うから、今日は持っていかなくていいよ」と母親に言った。すると母親がさらにすごい見幕で「ダメよ！　持ってきなさい！　ニュース見なかったの!?」と言う。

僕が「すぐ次のバスマット買うから大丈夫だよ」と返すと、母親は「なかなか買わないのわかってるんだから今すぐ持ってきなさい！」と埒が明かない。挙句の果てに「そうやって人心配させて楽しいの?」と大袈裟に苛立ちはじめるのだ。

しかし僕の中ではもう次の珪藻土マットの目星はつけているし、このまま家に戻ってネットで注文すればいいだけの話なのだ。だが「本当にすぐ注文するから。今週中には届くから」と言っても、母親は溜め息混じりに「親に心配させないことより、自分の意地の方が大事なんだね」と新たな切り口で返してくる。

こっちも意地で言ってるわけではない。単純にバスマットのない数日間、脱衣所の床がびしょびしょになるのが嫌なのだ。母親は、その新しいマットを買うまでの数日間、アスベストの入った珪藻土バスマットを使うことを懸念しているのだろうが、その数日間があろうがなかろうがほぼ同じである。なぜならそれまでの4年半毎日使っていたからだ。数日の微差で何が変わると言うのだ。

しかし母親の苛立ちは加速し、究極の一言が飛び出す。「あんた、最近私調子悪いんだから言うこと聞いてよ。お母さんに早く死んで欲しいの?」

これは母親の常套句である。急に体調が悪いことになり、自らを人質にするような一言。僕はこれは全母親が共通して使ってくる最終手段だと思っている。この一言はお互いを嫌な気持ちにさせるのでやめてもらいたい。

逆にその一言で息子に言うことをきかせて嬉しいのか? とも思う。しかも、僕が子供の頃からこういう場面で使ってきているので「生きてるじゃねぇか!」と言ってやりたいものだ。

究極の一言が出たのでこの話し合いは終わりだと思い、そこから母親の言うことは「はいー、ありがとうー、お疲れでしたー」と全て無視して荷物を持って家に戻った。マンションに入っていく間も大きめの声で何かを言っているのを背中で感じていたが、何も耳に入れないようにした。

家に入ると、携帯電話が鳴っている。着信は外の車にいる母親からだ。出ても同じことの繰り返しだと思い無視していたが、その後も何度もかけてくるので一度電話に出た。

すると母親が更なる苛立ちの声で「なんでそういうことするの? こっちは心配して言ってるんだよ」と、やはり同じことを言ってくる。そもそも話が嚙み合っていないのだ。僕の言葉は聞き入れようとせず、とにかく自分の不安を解消すべく珪藻土マットを回収しようとしている。

僕は議論の余地なしと判断し「大丈夫ですー、もう替えるのでー、さよならー」と流すように言い、電話を切った。

直後、また着信があり、それも無視していたのだが電話は鳴り止まない。ここまでくると、もうメンヘラ女である。すると着信音が止み、メールが届く。「なんでお母さんの言うこと聞いてくれないの？」と書いてあった。

こっちからすれば、電話をかけてこようがメールをよこそうが一緒なのだ。メールにも返信せずにいると、さらにメールが送られてきた。見ると「卑怯者」の一言。

卑怯者。何これ？　母親に「卑怯者」と言われるとはどういう状況なのだ。そもそも何の勝負をしているのかもわからない。

そこから「早く持ってきなさい」「とりあえず出てきなさい」など、外の車から何通もメールが来るが全て無視。家に立て籠もり、学生運動のような気分だ。建物の外の大人の「出てきなさい！」に対して「大人には屈しない！」の旗を掲げての断乎たる無視である。

その攻防は30分以上続いた。さながら宗田理（そうだおさむ）の『ぼくらの七日間戦争』だ。そして、母親もこちらの固い意志を感じとったのか30分を過ぎた頃、ブーンとエンジン音が聞こえ、窓から家の前の道を見ると車がなくなっていた。

勝った、勝ったぞ！　居なくなった！　勝った！　大人達に勝ったんだ！　僕らの戦争は終わったんだ！　勝利！　僕は歓喜した。

謎の攻防でお腹が空いたので、母親が持ってきた袋から5個入りのドーナツを取り出し、もぐもぐ食べた。うまい。勝利のドーナツはうまいのだ。それを袋に入っていたパックの野菜ジュースで流し込む。勝利の野菜ジュースはうまい。そして勝利のワイドショーは面白い。勝利のこたつもあったかいのだ。

勝利の宴に酔いしれながらしばらく経った頃、ピンポーン！　と家のベルが鳴った。先日通販でシャンプーを注文していたので、勝利の通販だと思い、インターホンに出ると「ちょっと、開けなさい」と、母親の声。

「うわぁああ！」と驚き、モニターを見ると母親が。しかも手には新しい珪藻土バスマットを持っている。「ほら！」と珪藻土マットを掲げる母親の顔には、してやったりという笑顔が浮かんでいるように見えた。

これが大人の強行突破、突入である。おもむろに家に入り、バタバタとバスマットを交換し「これでいいわ」と、一仕事終えた様子で帰って行った。

そして僕はそれに屈し、これが大人の力かぁ〜！　と傍観するしかなかったのだ。

30半ばの子供が60過ぎの大人に負け、僕の長い戦争は終わりを迎えた。珪藻土バスマットは新しくなった。使ってみたが、前の珪藻土マットよりもよく水を吸うので、すごく気に入っている。

小説　僕の人生には事件が起きない

寝苦しさに目が覚めた。上半身はべたっとした薄ら気持ち悪い汗をかいていて、Tシャツが体に張り付く。グレーのベッドシーツも汗を吸った場所だけ色濃くなっている。真夏に扇風機も回さずに寝たからだ。時計を見ると、もう午後4時を回ろうとしていた。仕事が休みだったので、朝起きてから飯を食べ、しばらくテレビでニュースを見た後で昼寝をしてしまった。

今日は何かをしようと考えていたはずだが、昼寝の誘惑に勝てないほどのことなら、どうせ大した予定ではなかったのだろう。ベッドから起き上がり、台所に行って冷蔵庫を開けた。恐ろしいほど何も入っていない。閉店セールも最終日、といった品切れ具合。どこかでもらった佃煮や、よくわからないあんずのジャムだけ未開封で置いてあるところがさらに閉店セール化を加速させている。飲み物も無いので渇いた喉を潤すこともできない。水道の水を飲めばいいのだが、東京の水道水は浄水器を通してもどこか信用し切れない。麦茶のパックを入れて、水出し麦茶にしてあったり、容器に入れて冷蔵庫で冷やした水道水であれば何故か気にせず飲めるが、水道水を直に生ぬるいまま飲むのだけは抵抗がある。

シンクを見ると、昨晩飲んだ麦茶の容器が洗わず放置され、そこに一人暮らしのだらしなさが表れていた。麦茶作っとけよ昨日の俺、と過去の自分に苛立つが、なかなか学習はできない。仕方なくスーパーへ買い物に行くことにした。飲み物のついでに夕飯の食材も買い、夜はしっかり自炊しよう。昼寝で休日の昼間を無駄にしても、夕飯さえしっかり作って食べれば、どうにか充実した1日のような気分で終われる。

早速、Tシャツを洗いたてのものに着替え、下はそのままのジャージで靴下を履いた。スーパーに行く格好などこの程度で良い。友達や職場の人と会うわけでもない。男の一人暮らしなど、何と思われようがどうでもよく、僕は近所の人のことを、どこか人と思っていないのかもしれない。財布を持ち、スニーカーを履いて家を出た。夏の4時は暑い。暑さのピークを迎えた後の、重たい熱気が寝起きに堪（こた）える。ガチャン、と玄関の鍵を閉め、鍵束をポケットに押し込めた。

最寄りのスーパーは都内を中心に展開する『ピーコックストア』だが家からは少し遠く、歩いて7、8分といった絶妙な距離だ。この辺りに引っ越してきて3年、そこだけが難点だ。街の雰囲気も良く、人といえば家族連れか年寄りしか見かけない。就寝時間が早いのか、夜9時以降は出歩いている人もほとんどおらず、とにかく治安がいい。ちょっとした商店街があり、パン屋や、クリーニング屋などはその辺で事足りる。さらにはコンビニが家の目の前にある。そのコンビニのことは家の冷蔵庫としており、コンビニに置いてあるものは、全て家に置いてあるものだと思っている。

だが困ったことに、人はスーパーが無いと生きていけない。なぜなら、水菜やミョウガ、カレー味のコロッケや出来合いのマカロニサラダは、スーパーでしか売っていないからだ。あの甘めで美味しい野菜のかき揚げもスーパーでしか売っていない。あの雑に5個袋詰めされたドーナツも、冷め切っているが美味い焼きそばも、スーパーでしか売っていない。スーパーを知ってしまうと、もう人はスーパー無しでは生きていけない。もし今、江戸時代にタイムスリップしたらすぐにのたれ死んでしまうだろう。スーパーが無いからだ。

そんなことを考えながら僕はピーコックストアへ向かった。はしゃぎながら下校する子供達や、買い物袋の入った押し車を押して歩くお婆さんなどとすれ違いながら道を歩いていると、ふと細い路地が目に入った。スーパーへの道は一度だけ左に曲がるのだが、いつも曲がる大きめの通りより手前に、左に曲がれる細い道がある。通る度に気になっていたが、スーパーへ抜けられる道とも限らないので一度も通ったことはなかった。

だが、妙に興味が湧き、ふらっと路地に吸い寄せられていった。見ると、両側には肩くらいまでの高さのブロック塀が立ち、人一人通れるくらいの細い路地が長くクネクネと続いている。僕はそのまま、その路地に入ってみることにした。

路地はいかにも昔からあるような雰囲気で、ブロック塀も老朽化し、所々欠けたり崩れたりしていて、中の鉄筋が見えてしまっている部分もある。古い家が建ち並び、くたくたの空き家もいくつかある。家の玄関前に自転車があるのを見かけたが、この細い路地をどうやって自転車で通るというのだろう。ハンドルの端が塀でザザーッと削られかねない。進むと路地はさらに細くなり、もし前から人が来たらすれ違えない程の幅になっていく。ここまで来ると、住む人もかなり無防備で、洗濯物は乱雑に干され、窓も全開だ。

そんな生活感を横目に歩いていると、路地の終わりが見えてきて、どうやらその先で大通りにぶつかるようだ。ちゃんと通り抜けできる道だったのか、良かった、と小走りで路地を出ようとしたその時、今通ってきた路地で人を1人も見かけなかったことに気付いた。路地は50m以上はあったと思うが、道だけでなく、家の周りにも誰もいなかった。洗濯物が干してあったり、窓が開いていたりはしたのだが、なんというか、人の気配を全く感じなかった。思い返したその路地の、奇妙な静けさに落ち着かないまま、逃げるように大通りに出ると、そこはピーコックストアのある通りだった。道に間違いはなかった。しかし、空の雲はどんよりし、日も傾いてきていて、湿気を帯びた空気が僕の体にねっとりとまとわりついてくる。何かがおかしい。

あぁ、やっぱりそうか。僕の違和感は確信に変わった。裏の世界に来てしまったのだ。稀にあるのだ、裏の世界に行ってしまうことが。僕は、久々に入っちゃったな、などと思いながら、とりあえずスーパーに行くことにした。裏の世界にも表の世界同様、スーパーはある。裏のピーコックストアだ。僕は裏のピーコックを目指し、歩き始めた。

大通りといえど片側二車線で、今日のような平日は車通りがあまりない。信号待ちをする1台の車を見ながら、裏の世界でもこの通りは平日の車通りが少ないのだな、と気付いた。遠くにひぐらしの鳴き声が聞こえる。

しばらく歩くと裏のピーコックが見えてきた。若干不安に思っていたが、裏の世界にもちゃんとピーコックがあった。しかし見た目は同じように見えるが、裏というだけで建物に雰囲気がある。額に滲み出る汗をTシャツの肩のあたりで拭い、正面の自動ドアから中へ入った。途端、首元に感じる冷気。涼しい。表のピーコックより冷房を強めに設定しているのか、体に張り付いた熱が落ち着いていく。カートを取り、カゴを乗せた。今日の夕飯は夏らしく冷しゃぶを作るつもりだ。冷しゃぶはいい。適当にお湯で茹でて大根おろしとポン酢で食べるだけでそこそこ美味しい。そんなに簡単なのに、あの高級なしゃぶしゃぶと同じような名前がついているところもまたいい。

カートを押しながら、入り口近くの果物売り場を通ると、一際目を引く、とてつもない大きさの真っ黒いスイカが2つ置いてあった。スイカ特有の縞模様も黒さで見えない。どうやら高級品のようで、値段が1万円もする。2週間前に表のピーコックに行った時には無かったよな、とやはり今いるのが裏の世界だということを確認する。もしや裏のピーコックは多少高級志向なのだろうか。真っ黒なところも裏っぽい。黒いスイカを横切り、奥の野菜売り場へ進むとずらりと野菜が並ぶ。表のピーコック同様品揃えはいい。僕はキャベツを探した。冷しゃぶの下に敷く野菜はレタスよりも、茹でて水で締めたキャベツを敷くのが好きだ。ポン酢との相性が非常にいい。半玉のキャベツを見つけ、カゴに入れた。

その後、肉売り場へ行こうと思ったが、途中で寿司の売り場が目につき、そこを見ながら進んでいると売り場の端に納豆巻きを見つけた。僕は納豆巻きが好きだ。寿司ネタの中でも決して上級食材にはならないのだろうが、納豆巻きだけでお腹いっぱいにしてもいいくらい好きだ。しかもコンビニの寿司コーナーには確実に納豆巻きがある。恐らく、日本で一番食べられている寿司は、納豆巻きなんじゃないだろうか。僕は納豆巻きのパックを手に取ろうとした。しかし、納豆巻きの中にシソが入っていることに気付く。僕はシソが苦手だ。いくら好きな納豆巻きと言えど、シソが入ってしまっていると一切食べることができないから、いつもはシソ抜きというシールが貼られたパックを探して買っている。しかし、どこを探してもシソ抜きのシールが貼られたパックが無い。その代わり、シソ入りの納豆巻きのパックの横に妙なスペースがある。どうやらここにシソ抜きの納豆巻きがあったらしい。売り切れてしまっている。

僕は落胆した。シソ入りの納豆巻きに躍らされていたあの時間を返してほしい。元々納豆巻きなど買う予定は無かった。だが、なまじシソ入りの納豆巻きが目に入ってしまった為、納豆巻きを夢見てしまった。迂闊だった。表のピーコックでシソ抜きの納豆巻きが買えなかったことなど今までなかった。恐らく裏の世界にはシソが苦手な人が多いのだろう。裏の人達め。裏のピーコックには早めの時間に買い物に行かなくてはならない。

そのまま肉の売り場へ行く。ずらりとパックに入った肉が並ぶ。探しているのは、薄切りの豚ロース肉だ。豚肉のコーナーに辿り着くと、すぐに薄切りの豚ロース肉を見つけた。しかもそこには『大特価！』の札が立てられている。豚肉が安い。これは嬉しい。裏の世界は豚肉が安いのか。いつも表の世界で買う豚ロースは同じ量で1パック450円程なのに対し、裏の世界の豚ロースは390円と、かなり安くなっている。ラッキー、裏来て良かったー、と高揚する。僕はその裏の豚ロース肉をカゴに入れた。豚肉を買う時にはまた裏の世界に来たいものだ。

その後、翌日の朝食用にハムと卵をカゴに入れる。ハムと卵は表のピーコックと全く一緒だ。

裏の惣菜売り場も充実していた。しかし惣菜は麻薬だ。それだけで事足りてしまう。しかも美味いので、手を出すと全く自炊をしなくなってしまう。なので、僕は惣菜を買うときは1つまでと決めている。惣菜はしっかり用量を守る。だが、見れば裏のピーコックの惣菜は魅力的なものばかりだ。厚切りのハムカツ、厚揚げ、鶏皮揚げ。置いてあるものは表のピーコックと似ている気がするが、油物の誘惑が強い。生唾を飲みながらも、僕は裏の4つ入り餃子を手に取り、カゴに入れてその場から離れた。

そして最後に小さいペットボトルの水と塩をカゴに入れ、レジへ向かおうとした。するとから同じようにカートを押して買い物をしているおばさんが来た。僕はカートがぶつからないように多少気をつけながら進むと、すれ違う時にそのおばさんと一瞬目が合った。その時おばさんが僕に軽く会釈した。僕はそのおばさんのことは全く知らなかったが、とりあえず首を前に少し突き出す程度の、したのかしていないのか分からないぐらいの会釈で返した。おばさんからは特に反応も無く、そのままスーっと逆方向へ進んで行ってしまった。

おそらく裏の世界には裏の世界で生活している僕がいて、その裏の僕は今すれ違った裏のおばさんと顔見知りなのだろう。裏のおばさんは、表の僕とは知らずに目が合って会釈をしてきたに違いない。もしかしたら裏の僕は近所付き合いをしっかりしているのだろうか。そう考えると今の、しているのかしていないのか分からないくらいの会釈は感じが悪く映ったことだろう。裏の僕に悪いことをした。裏の世界に来させてもらっているのだからその辺は気を使わなければならない。ぼんやり反省しながらレジへ向かった。レジはそこそこ混んでいる。裏のピーコックの夕方は客が多いようだ。

並んで待っていたが僕は少し不安だった。表の世界の金が使えるかどうかわからないからだ。もしかしたら裏の世界は裏の世界独自の金、言わば裏金があるのかもしれない。表の世界の金が使えなかったら、最悪はクレジットカードで支払うしかないな、と思い、会計を待った。

しばらく経って自分の番が回ってきた。店員は軽くお辞儀をし「いらっしゃいませ！　ポイントカードはお持ちですか？」と接客は丁寧だ。勘違いしてはいけないのが、裏の世界だからといって接客が雑だったり、住む人が悪い行いをしている訳ではない。そんなことをすればその人達が裏の世界でやっていけなくなるからだ。〝裏〟という言葉に引っ張られがちだが、裏の人々にも生活がある。裏の世界の雑な接客は、裏の世界の人も嫌だし、裏の世界の悪い行いは、裏の人にも迷惑であることに変わりはない。裏のピーコックも接客を良くすることでこうやって繁盛しているのだろう。逆にそれを怠れば、表のピーコックの営業が続こうと、裏のピーコックだけ閉店ということになりかねない。裏の世界の店員は表の世界の店員とさほど変わらない。しいて言えば、裏の世界のレジの店員は日焼けしていて少し色黒という違いくらいだ。

「1728円になります！」僕は恐る恐る2000円を出した。店員はそれを受け取り、レジに入力する。どうやら表の金も使えるらしい。釣り銭とレシートを受け取り、買ったものをレジの奥で袋に詰めた。適当に詰め終え、袋を持ってスーパーを出た。

スーパーを出てすぐ、僕は袋からペットボトルの水と塩を取り出した。そしてペットボトルの蓋を開け、塩の袋を少し破り、塩をひとつまみ水の中に入れて軽くまぜた。

その後、その水を半分ぐらいまで飲む。視界がぼやーっとなり、次の瞬間、僕の体は表の世界に戻った。

この表の世界への戻り方を、僕は知っていた。

小学校4年の夏休み、両親に連れられて祖父母の家に遊びに行った時のこと。祖父母の家では、昼前に墓参りに行き、その後はずっとテレビを見ながら梨などを食べて涼んでいるだけだったので、いいかげん飽きてしまい、夕方に僕は家の周りを1人で探索してみることにした。探索といっても、田舎なので畑や川や小さい森があるだけで大したことはないのだが、その頃はあまり慣れていない土地を1人でうろうろするだけで何かを成し遂げている感覚があった。

スニーカーを履き、家の近くのあぜ道を、道に生えている草を蹴りながら歩いていると、しばらくして森に辿り着いた。森には木や草が切られて作られた、車がやっと1台通れるほどの幅の道があった。僕は好奇心に駆られ、その道に入ってみることにした。整備されていない汚い道だったが、葉っぱを踏まないように歩く、その場で考えた緩い遊びをしながら進んで行った。

森の中の方まで来た時、日が急に陰り、なまぬるく重たい空気が辺りを覆った。周りをよく見ると、さっきとはまるで雰囲気が変わっており、見たことのない場所にいきなり連れてこられたような感覚になった。怖くなった僕は、なんで1人でこんな所に来てしまったんだ、と後悔して途方にくれた。

すると、雑なエンジン音と共に、前から道幅いっぱいに走る軽トラックが近づいてきた。軽トラックは僕の近くで止まり、そこから1人のおじいさんが降りてきた。そのおじいさんは塞ぎ込む僕に声をかけた。僕が事情を話すと、おじいさんは僕を森の外まで連れてってくれると言い、軽トラックの助手席に乗せて、車を走らせた。その時に、おじいさんは塩を入れた水のペットボトルを僕にくれた。僕は助手席で揺られながらそれをごくごく飲んだ。突然森が明るさを増し、たちまち見たことのあるような景色に戻った。

その後、おじいさんは僕を祖父母の家まで送り届けてくれた。

あのおじいさんのおかげで、僕はふと裏の世界に行ってしまっても、表の世界に帰ってくることができる。僕は小学校4年の夏休みの経験を生かし、表の世界に帰ってきた。表の世界に戻ると、感覚もはっきりして、裏のどんよりとした雰囲気はない。表の世界はどうやら暑苦しさも抜けている。僕は裏のピーコックの袋を持ち、いつもの慣れた方の道を使って表の世界の僕の家に帰った。

家に着くと、手を洗い、食材を冷蔵庫にしまった。そして風呂にお湯を溜め、テレビで夕方のニュースを見ながら、お湯が溜まると風呂へ入った。寝汗や、買い物の行き帰りの汗を一気に流し、生き返ったような気分だ。風呂から上がり、夕飯を作り始めた。夕飯は冷しゃぶ。簡単な作業だ。

出来上がった料理を皿に盛り、ご飯をよそってテーブルに座った。そして作った冷しゃぶを食べてみた。やはり裏の豚肉は美味い。

【初出】

「小説新潮」2020年1月号～2021年7月号
「Book Bang」2021年2月～2021年6月
「元不良の後輩の事件が起きる人生」と「小説　僕の人生には事件が起きない」は書き下ろしです。

どうやら僕(ぼく)の日常生活(にちじょうせいかつ)はまちがっている

発　行　2021年 9 月 25 日
3　刷　2021年 10 月 20 日

著　者　岩井勇気(いわいゆうき)

発行者　佐藤隆信
発行所　株式会社新潮社
〒162-8711　東京都新宿区矢来町71
電話　編集部　03-3266-5550
　　　読者係　03-3266-5111
https://www.shinchosha.co.jp

装　幀　新潮社装幀室
組　版　新潮社デジタル編集支援室
印刷所　錦明印刷株式会社
製本所　大口製本印刷株式会社

ISBN 978-4-10-352882-1 C0095

どうやら僕の日常生活は
まちがっている